참 한국사

이야기

2

고려 시대

참 한국사

이야기

2

고려 시대

장득진 외 5인 지음

대학수학
능력시험 및
한국사능력
검정시험
대비

주류성

720반 재외동포의 튼튼한 동반자
한국역사문화교육연구회
THE EDUCATION STUDIES OF KOREAN HISTORY AND CULTURE

간행사

과거로부터 지혜를 얻고 현재와 미래를 바라보는 통찰력을 넓히기 위해서는 역사 공부가 중요하다. 21세기 다변화하는 현대 사회에서 자기 나라에 대한 역사 이해는 정체성 확보를 위한 필수적 요건이다. 또한 역사를 잊으면 바람직하지 못한 역사가 되풀이 된다는 사실에서 더욱 그러하다. 이러한 이유로 한국사에 대한 관심이 높아지는 실정이다.

이 책은 몇 년 전에 나온 『신한국통사』의 대중서로 편찬하였다. 『신한국통사』는 내용이 깊고 분량이 많은 전문적인 역사서였다. 그리하여 더 많은 사람들이 읽기 쉬운 한국사 대중서의 필요성을 이 책이 어느 정도 충족하리라 본다.

근래 한국사 공부에 대한 열기로 많은 한국사 개설서가 간행되고 있다. 그러나 특정 주제로 국한되거나 일부 계층을 대상으로 하기에 교과서와 같이 전체적인 한국사의 흐름을 보여주지는 못하고 있다. 이 책은 이러한 한계를 극복하기 위해 한국사 가운데 꼭 알아야 할 사항으로 평가되면서도 학문적 검증을 거친 역사적 사실을 수록하였다.

쉽지만 꼭 필요한 내용만을 담은 이 책의 독자층은 역사를 좋아하는 초등학생부터 한국사에 관심을 가지고 있는 일반인들까지 다양할 것이다. 그만큼 읽기 쉽고 필요한 내용을 담고 있다.

이 책은 전문적으로 한국사를 공부하는 학생들에게는 적합하지 않을 수도 있겠으나 문제의 난이도가 비교적 쉬운 대학수학능력시험이나 한국사능력검정시험에서 고득점을 얻기에는 충분한 내용으로 구성되었다.

이 책은 4권으로 구성하였다. 1권은 선사시대부터 통일신라, 발해까지를 2권은 고려 시대, 3권은 조선 시대, 4권은 개항 이후부터 현대까지를 수록하였다.

이 책의 가장 큰 특징은 많은 시각 자료를 수록하여 텍스트로만 구성된 책보다는 한국사를 이해하는데 큰 도움을 준다는 점이다. 아울러 일반적으로 유적과 유물 사진을 크게 편집하고 교과서와 유사한 편집 체제를 사용하여 독자들에게 친근감을 줄 수 있을 뿐만 아니라 가독성도 높여주고 있다. 또한 어렵고 이해하기 어려운 역사 용어를 풀어 서술함으로써 쉽게 읽을 수 있다는 장점이 있다. 이 책에 수록된 사진들은 대부분 장득진이 전국의 문화유산을 찾아다니며 15년 이상 촬영해온 결과물이기도 하다.

　이 책을 많은 청소년들이 읽어 바람직한 역사 인식을 가지게 되고, 나아가 일본의 역사 왜곡과 중국의 동북공정 등 한·중·일 역사 전쟁에서 우위를 점했으면 한다. 뿐만 아니라 자랑스러운 우리 역사에 대한 자긍심을 가지고 민족적인 정체성을 확립하는데 도움이 되기를 바란다.

　한국역사문화교육연구회는 재외 동포들에게 한국의 역사와 문화를 알리기 위해 만들어진 단체이다. 이 책이 재외 동포들의 우리 역사 이해에 도움이 되었으면 하는 바람이다. 끝으로 이 책의 완성도를 높이기 위해 감수를 맡아 주신 최병도·김유성 선생님과 검토해 주신 신익수 선생님 및 주류성출판사 관계자들에게 깊은 감사를 드린다.

2018년 1월

한국역사문화교육연구회

대표 필자 장 득 진

고려의
성립과 발전

원주 법천사지 지광국사탑비(강원 원주)
고려 시대 석비를 대표할 만한 걸작으로 조각수법이 뛰어나다. 비신 옆면에 새긴 운룡조각과 귀부의 귀갑문 안에 새긴 '왕'(王)자 등이 매우 특이
하다. 또한 비면 가장자리에 새긴 보상당초문이나 이수의 네 귀퉁이에 단 귀꽃 및 이수 중앙의 상륜부가 화려하다. 1085년(선종 2)에 건립했다.
지광 국사 해린은 당시 원주 지방의 토족이었던 원씨(元氏) 출신의 명승으로 역대 왕의 예우를 받고 삼중 대사(三重大師)·승통을 거쳐 1056년
(문종 12년) 왕사에, 1058년 국사에 올랐다가 84세로 법천사에서 입적하자 문종은 시호와 탑명을 내렸다.

제2권

고려의 성립과 발전

918년 송악의 호족인 왕건은 민심을 잃은 태봉(후고구려)의 궁예를 몰아낸 신하들의 추대를 받아 고려를 건국했다. 고구려 계승을 표방한 태조 왕건은 신라 경순왕의 투항과 후백제의 항복을 받아 936년 후삼국을 통일했다. 또한 거란 침략으로 멸망한 발해의 유민을 받아들여 민족 통합을 꾀했다. 건국 초에 왕위 계승 다툼도 있었으나, 광종과 성종을 거쳐 문종 때 이르러 문벌 귀족 중심의 통치 체제가 확립됐다. 그러나 12세기에 들어 이자겸의 난과 묘청의 서경 천도 운동이 일어나 문벌 귀족 사회의 모순이 드러나면서 급기야 1170년 무신 정변으로 고려 사회는 큰 전환기를 맞게 된다.

고려는 건국 직후부터 거란(요), 여진(금) 등 북방 이민족과 대결을 벌였으며, 13세기에 이르러 세계 대제국을 건설한 몽골(원)과 40여 년에 걸친 항쟁을 펼쳤다. 그러나 결국 강화 조약을 맺고 원의 간섭을 받기도 했다. 공민왕은 원·명 교체의 국제 정세를 이용하여 신진 사대부 세력을 등용하여 개혁을 추진하였다. 또한, 반원 자주 정책을 펼쳐 고려의 자주성을 회복하려 했으나 권문세족과 원의 반발로 끝내 좌절되고 말았다.

홍건적과 왜구의 격퇴 과정에서 큰 공을 세운 이성계는 위화도 회군을 단행하여 권력을 차지했다. 신흥 무장 출신인 이성계와 정도전 등 신진 사대부 세력은 과전법 등 개혁을 추진하여 역성혁명의 기초를 닦았다. 이들은 마침내 1392년 새 왕조 조선을 건국함으로써 고려는 건국한 지 475년 만에 멸망하고 말았다.

한편, 고려는 문벌 귀족 사회의 성격이 강하면서도 과거제 도입, 관학과 사학의 발달 등으로 이전 시기보다 개인의 능력을 중시하는 사회로 발전했다. 또, 자녀 균분 상속, 남귀여가혼, 여성의 재혼 허용, 모계 가문의 존중 등 고려 특유의 사회 모습도 보였다. 이후 태조 왕건의 숭불 정책 등에 힘입어 불교 국가로 성장했다. 여기에 국가 통치 이념이 된 유교를 비롯하여 도교, 풍수지리설 등 다양한 사상과 신앙도 널리 신봉됐다. 이러한 사회 분위기 속에서 과학과 기술 등이 발달하게 되어 도자기 문화와 금속 활자 기술 등을 꽃피웠다.

그때 우리는		그때 세계는	
900	견훤, 후백제 건국	907	당 멸망
901	궁예, 후고구려 건국	916	거란국(요) 건국(~1125)
918	고려 건국	960	송 건국
926	발해 멸망	1037	셀주크 튀르크 제국 건설
936	고려, 후삼국 통일	1077	카노사의 굴욕
1126	이자겸의 난	1096	십자군 전쟁(~1270)
1135	서경 천도 운동	1125	금 건국
1170	무신 정변	1192	일본, 가마쿠라 막부 성립
1270	삼별초 항쟁(~1273)	1215	영국, 대헌장 제정
1388	위화도 회군	1271	원 제국 성립
1391	과전법 실시	1338	영·프, 백년 전쟁(~1453)
1392	고려 멸망	1368	명 건국

01

고려가 세워지고
제도가 정비되다

개성 만월대 터(개성)
고려 시대 왕궁지로 송악산 아래에 있다. 고려 500년의 역사를 지니고 있으며, 일제 강점기 이를 소재로 제작된 '황성 옛터'라 하는 노래가 있다.

1. 후삼국 시대가 열리다

1) 새로운 시대의 주역인 호족, 나라를 세우다

신라 하대에 이르러 중앙에서 귀족들이 왕위 다툼을 벌이는 사이에, 지방에서는 독자적인 세력을 키워 온 사람들이 있었다. 이들은 각 지방에서 권력자로서 역할을 해왔는데, 이들을 호족이라 한다. 호족들은 왕위 다툼과 정치 혼란으로 신라 정부가 지방을 다스릴 힘을 잃어가자 신라 사회를 뒤엎고자 했다. 그들 중에는 중앙에서 지방으로 몰락해 내려간 중앙 귀족 출신과, 지방에 계속 살고 있던 토착 세력 등이 있었다.

이러한 호족 세력을 대표하는 두 인물이 바로 견훤과 궁예였다. 견훤은 경상도 상주 출신으로 아자개 아들로 태어나 서남 해안을 지키는 장군이 되었다. 때마침 전국 여러 곳에서 농민들이 봉기하여 나라를 뒤흔들자, 그는 서해안의 해상 세력을 자신의 무리에 받아들여 힘을 키웠다. 견훤은 전라도 지방의 나주와 무진주(광주)를 차지한 후 완산주(전주)에 도읍을 정하고, 백제를 다시 일으킨다는 의미로 900년에 후백제를 세웠다.

호족
일정한 지역에 대한 행정, 군사, 경제 등의 지배권을 행사하던 새로운 사회 세력이었다. 따라서 이들은 반독립적 성격을 보였다.

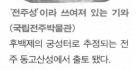

'전주성'이라 쓰여져 있는 기와 (국립전주박물관)
후백제의 궁성터로 추정되는 전주 동고산성에서 출토 됐다.

견훤산성(경북 상주)
천연적 지세를 이용하여 산의 정상부를 따라 만든 테뫼식 산성으로 견훤이 쌓았다고 전해진다.

견훤이 차지했던 지역은 오늘날 충청도의 일부와 전라도 지역이었는데, 이곳은 평야가 많아 농사가 잘 되는 지역이었다. 경제적으로 풍요로운 나라가 될 수 있는 요건을 가지고 있던 후백제는 중국과도 교류하며 힘을 길러 나갔다.

그러나 견훤은 신라에 대해 지나치게 적대적으로 대하여 신라 귀족들과 백성들의 마음을 얻지 못했다. 또한 견훤은 고려와 신라, 두 나라를 상대로 모두 전쟁을 벌여야 했기 때문에 많은 세금을 거두어야만 했다. 결국 견훤은 다수의 호족 세력들을 자신의 편으로 만드는데 실패하였다.

한편, 후백제의 강력한 경쟁자였던 궁예는 전해지는 이야기에 의하면 신라 말 권력 다툼에서 밀려난 왕족 출신으로, 신라에 대해 큰 원한을 가지고 있었다고 한다. 한편으로 궁예는 아기 때 왼쪽 눈을 다쳐 외눈이 됐다는 이야기도 있다.

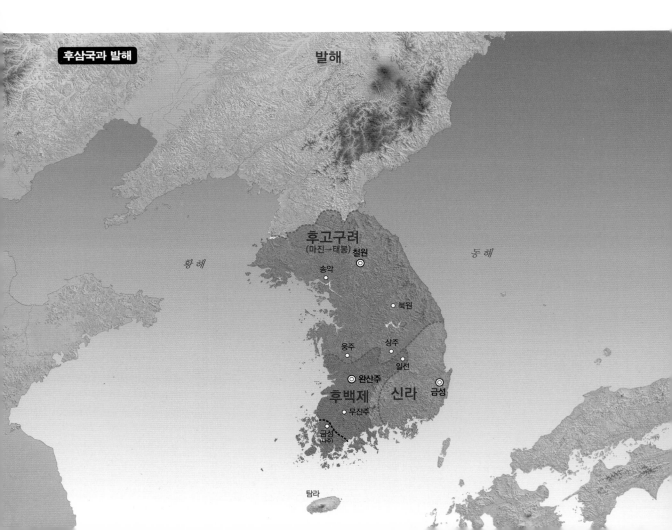

궁예는 원주 지역의 호족 양길의 부하였다. 그후 점차 스스로 세력을 키워 강원도, 경기도 일대에 큰 세력을 형성했다. 이어 송악(개성) 지방의 용건(후에 왕융으로 바꿈), 왕건 부자를 포함한 중부 지역의 일부 호족들의 지지를 얻어 송악을 근거지로 901년에 후고구려를 세우고 왕위에 올랐다.

궁예는 영토를 확장하고 나라 이름을 '마진'으로 고치고 이듬해 도읍

양길
북원경(원주)을 중심으로 활약했던 호족이다.

칠장사 (경기 안성)
궁예가 유년기를 보낸 곳이라 전해진다.

국사암 석조여래입상(경기 안성)
전설에 의하면 가운데 석불을 궁예라고 한다.

완사천(전남 나주)
왕건이 왕위에 오르기 전 나주에 출전하여 견훤의 군대와 싸울 때 이곳으로와 처녀에게 물 한 그릇을 달라고 하였다. 이에 처녀는 바가지에 버들잎을 띄워 왕건이 급하게 물을 마시지 못하게 하였다. 처녀는 나주 호족인 오다련의 딸이었는데, 왕건은 그녀를 아내로 맞이했다. 그녀는 장화왕후가 되어 혜종을 낳았다.

을 철원으로 옮겼다. 이어 다시 나라 이름을 '태봉'으로 바꾸고 강력한 왕권을 추구했다. 이 즈음에 궁예는 스스로를 미래에 세상을 구원하러 오실 부처라 하여 '미륵불'이라 칭하였다. 그리고 '미륵관심법'이라 하여 자기가 남의 마음을 꿰뚫어 보는 능력이 있다고 했다. 그러면서 그는 신하들의 마음 또한 읽을 수 있다며 여러 신하를 의심하여 죽였다. 이러한 행동 때문에 점차 그는 백성과 신하들에게 믿음을 잃었다.

2) 고려, 후삼국 통일의 주인공이 되다

왕건은 송악(개성) 출신 호족으로 후고구려를 세운 궁예의 신하였다. 그는 후삼국 시기에 바닷길을 통해 후백제의 금성(나주)을 습격하여 점령하는 등 큰 공을 세워 높은 지위에 올랐다. 반면, 궁예는 주변 사람들을 의심하고 정치를 잘못하여 백성들의 마음을 잃어 갔다. 뛰어난 인품과 능력으로 주변 호족들의 마음을 얻어가던 왕건은 신숭겸, 복지겸 등 궁예에게서 돌아선 사람들의 추대로 왕위에 올랐다.

왕건은 나라 이름을 '고려'로 고치고(918년), 연호를 '천수'로 정하면서 고려가 고구려를 잇는 나라임을 밝혔다. 그리고 도읍을 자신의 세력 근

연호
옛날 임금이 자기의 치세에 연차를 계산하기 위해 붙이던 칭호이다. 중국 한나라 때 무제가 '건원'이라는 연호를 사용한 이래로 우리나라, 일본, 베트남 등지에서 사용했다.

경순왕릉(경기 연천)
신라 마지막 임금인 경순왕의 무덤으로 신라 왕릉 중 유일하게 경주 지방 밖에 있다.

거지인 송악(개성)으로 옮겼다.

고려는 후삼국을 통일하고자 후백제를 공격하는 한편, 신라와는 화친 정책을 펴면서 약해질대로 약해진 신라를 포용하고자 했다. 반면 후백제의 견훤은 고려와 전쟁을 벌임과 동시에 신라를 침략했다. 그는 신라의 수도 금성(경주)까지 쳐들어가 포석정에서 연회를 베풀고 있던 경애왕을 살해하는 만행을 저질렀다(927년).

이후 신라 마지막 임금 경순왕은 더 이상 나라를 지키기 힘들다고 판단하여, 나라를 스스로 고려에 넘겨주었다(935년). 이로써 천년의 역사를 자랑하던 신라는 멸망하였다.

이즈음 벌어졌던 고려와 후백제의 싸움에서 처음에는 후백제의 힘이 우세했다. 후백제는 공산성(대구) 전투(927년)에서 왕건을 포위하여 곤궁에 몰아넣었다. 위기 속에 신숭겸이 왕건의 옷을 입고 대신 전사함으로써 고비를 넘겼다. 그러나 이후 고창(안동) 전투에서 안동 호족의 도움으로 왕건이 승리함으로써 견훤은 큰 타격을 받았다. 게다가 견훤의 두 아들 신검과 양검이 그를 금산사에 가두고 왕위를 빼앗는 사건이 일어났다(935년).

신숭겸
고려 초의 무신으로 궁예를 몰아내고 왕건을 왕위에 올리는데 앞장섰던 신하이다. 공산성 전투에서 왕건을 구하고 죽었다.

금산사
전라북도 김제에 있는 절로 우리나라 미륵 신앙의 성지이다.

김제 금산사 미륵전(전북 김제)
후백제의 견훤이 그의 아들에 의해 갇혀 있던 사찰이다.

고려 태조 왕건 초상(상상도)

금산사에 갇혀 있던 견훤은 사위 박영규의 도움으로 탈출하여 왕건에게 항복하며, 자신의 원수를 갚아달라고 부탁했다. 고려 태조 왕건은 일리천(선산) 전투에서 후백제군을 물리치고, 결국 후백제를 멸망시켰다.

　　왕건은 936년에 후삼국을 통일하여 민족 재통일이라는 역사적 역할을 담당할 수 있었다. 후삼국 통일은 단순히 고려가 다른 두 나라를 멸망시킨 사건이 아니라 한민족이 정치적, 사회적, 문화적 통합을 이루게 됐다는 점에서 커다란 의의가 있다.

　　특히 고려는 고구려, 백제, 신라의 다양한 문화를 받아들여서 우리 민

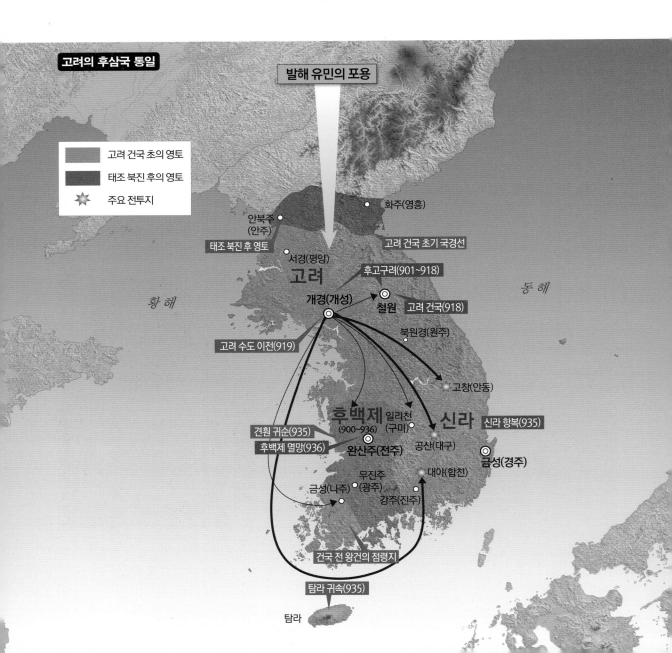

고려의 후삼국 통일

발해 유민의 포용

- 고려 건국 초의 영토
- 태조 북진 후의 영토
- ★ 주요 전투지

화주(영흥)

안북주(안주)

태조 북진 후 영토

서경(평양)

고려 건국 초기 국경선

고려

후고구려(901~918)

개경(개성)

철원

고려 건국(918)

북원경(원주)

황 해

동 해

고려 수도 이전(919)

고창(안동)

후백제
(900~936)

일리천(구미)

신라

신라 항복(935)

견훤 귀순(935)

후백제 멸망(936)

완산주(전주)

공산(대구)

금성(경주)

무진주(광주)

대야(합천)

금성(나주)

강주(진주)

건국 전 왕건의 점령지

탐라 귀속(935)

탐라

족 문화가 발전할 수 있는 기초를 마련했다. 또 고구려를 이은 발해가 거란에 멸망하자, 거란을 피해 온 발해인들까지도 고려 백성으로 받아들여서 통일 신라가 이루지 못했던 민족 통합을 이루어냈다.

역사 속 인물

견훤(甄萱, 867년~936년, 재위 : 900년~935년), 후백제 건국

신라 진성왕 6년(892)이다. …… 이에 견훤은 은근히 반심을 품고 무리를 모았는데 …… 그 무리가 한 달만에 5천 인에 달하였다. 드디어 무진주를 습격하여 스스로 왕이라 하였지만, 아직 감히 공공연하게 왕이라고 칭하지 못하고 다만 스스로를 '신라서면도통지휘병마제치특절도독전무공등주행전주자사겸어사중승상주국한남군개국공식읍이천호(新羅西面都統指揮兵馬制置持節都督全武公等州行全州刺使兼禦史中丞上柱國漢南郡開國公食邑二千戶)'라고 자서(自署)하였다.

『삼국사기』 권50, 「열전」 10, 견훤

진성왕 6년 완산주의 도적 견훤이 완산주에 웅거하여 스스로 후백제라 칭했는데 무주의 동남쪽 군현이 항복했다.

『삼국사기』 권11, 「신라본기」 11, 진성왕 6년

궁예(弓裔, ?~918년, 재위 : 901년~918년) 후고구려 건국

궁예는 신라인으로 성은 김씨이다. 아버지는 제47대 헌안왕 의정이며 어머니는 헌안왕의 빈으로 그의 성명은 전하지 않는다. …… 머리를 깎고 중이 되어 선종(善宗)이라고 스스로 이름을 붙였다. 효공왕 15년에는 '성책' 연호를 고쳐서 '수덕만세' 원년이라 하고, 국호를 또 고쳐 '태봉(泰封)'이라 하였다. 그리고 태조(왕건)를 보내어 군사를 거느리고 금성(지금의 나주) 등지를 쳐서 금성을 나주라 개칭하였다. 공을 논하여 태조로 대아찬 장군을 삼았다. 선종이 미륵불을 자칭하며, 머리에 금색 모자를 쓰고 몸에 승복을 입었으며, 장자를 청광보살, 막내를 신광보살이라 하였다. 외출할 때에는 항상 백마를 타고 채색 비단으로 말갈기와 꼬리를 장식하고, 어린 남녀로 일산과 향화를 받게 하여 앞에서 인도하고, 비구 200여 명으로 범패(불덕을 찬양하는 노래)를 부르면서 뒤를 따르게 하였다. 경문 20여 권을 지었는데 그 말이 요망스럽고 모두 정도에 맞지 않았다.

『삼국사기』 권50, 「열전」 10, 궁예

2. 정치가 발전하다

1) 태조, 호족들을 하나로 묶고자 노력하다

골품제
신라의 신분 제도로 개인의 신분뿐만 아니라 친족의 등급을 표시했다. 개인의 골품은 정치적인 활동에서부터 일상생활에까지 영향을 미쳤다.

결혼 정책
왕건은 유력한 호족들의 딸과 정략적으로 혼인하는 정책으로 새 왕조의 왕권을 안정시켰다. 곧 세력 가문의 딸들과 결혼하여 부인을 총 29명이나 두었다. 그러나 이 정책은 왕건 사후 후계자의 왕위 계승에 있어 많은 문제점을 가져오기도 했다.

고려의 건국과 후삼국의 통일은 단순한 왕조 교체에 그치는 것이 아니었다. 고려는 신분과 함께 능력을 중시하는 사회였다. 신라가 골품제라는 폐쇄적인 신분제를 통해 지위를 세습해 갔다면, 고려는 상대적으로 능력을 중시하는 개방적인 사회로 바뀌었다. 이로 인하여 정치와 사회를 이끌어 가는 생각이 변하면서 문화적으로도 발전할 수 있었다.

태조 왕건은 후삼국을 통일하는 과정에서 무엇보다도 지방 호족을 끌어들이기 위해 노력했다. 우선 왕건은 각 지방의 힘 있는 호족의 딸과 결혼하여 호족들과 연합했다. 그는 정략 결혼으로 29명의 아내에게서 아들 25명, 딸 9명을 얻었다. 이를 '결혼 정책'이라 한다. 이 외에도 왕건은 지방의 유력한 호족들에게 관직과 토지를 주었다. 또 자신의 성씨인 왕(王) 씨를 내려주는 사성 정책도 실시했다.

왕건은 호족을 견제하고 감시하기 위해 사심관 제도와 기인 제도를 활용하기도 했다. 사심관 제도는 신라의 경순왕이 항복해 오자 그를 경주의 사심관으로 삼은 데에서 비롯됐다. 호족을 지역의 사심관으로 임명하여 그 지역을 통치하게 함으로써 반란이 일어나지 못하게 관리하고 책임을 지도록 한 제도였다. 기인 제도는 호족의 자제들을 수도인 송악(개성)으로 불러들여 머물게 하는 일종의 인질 제도였다.

또한 왕건은 나라의 기반이 됐던 농민에 대해서도 세금을 낮춰주는 정책을 펼쳐 백성들의 지지를 얻을 수 있었다. 왕건은 '취민유도(取民有度)'라 하여 백성들에게 세금을 일정 기준에 의해 걷도록 했는데, 대개 농사 지은 양의 1/10 정도만 걷도록 하는 정책을 폈다.

충주 숭선사지 당간지주(충북 충주)
숭선사지 입구에 세워져 있는 당간지주로 한 쪽만 남아있다. 숭선사는 태조 왕건의 세 번째 부인인 충주 호족 유긍달의 딸인 신명왕후를 위해 그의 아들 광종이 창건하여 명복을 빌었다고 한다.

또 왕건은 고구려의 옛 땅을 되찾고자 하는 의욕으로 북진 정책을 추진했다. 그리하여 고구려의 수도였던 평양을 서경으로 하여, 북진 정책의 기지로 삼았다. 그 결과 청천강에서 영흥만까지 영토를 넓힐 수 있었다.

한편 왕건은 『정계』와 『계백료서』 등을 지어 신하가 지켜야 할 도리를 밝혔으며, 후대 왕들이 정치를 할 때 지켜야 할 점을 정리한 훈요 10조를 남기기도 했다.

훈요 10조에는 당시 백성들 사이에 널리 퍼져있던 불교·토속 신앙·풍수지리설 등이 반영되어 있다. 곧 훈요 10조는 후대 왕들이 지켜야할 법도로서 태조가 그의 후손에게 남긴 교훈이었다.

정계와 계백료서
태조가 임금에 대한 신하들의 도리를 강조하기 위하여 지은 책으로, 현재 전하지 않는다.

훈요 10조
신서 10조 또는 10훈이라고도 한다. 태조가 신하 박술희에게 이야기한 것으로 『고려사』 『고려사절요』에 전한다.

2) 광종, 강력한 왕권을 세우다

태조 왕건은 고려를 세운 후 호족들을 하나로 잘 통합했지만, 그 뒤를 이은 혜종과 정종은 왕건만큼 호족들을 잘 다스리지 못했다. 거기다 태조가 여러 호족의 딸들과 결혼하여 아들을 낳다보니, 여러 왕자의 뒤에는 강력한 힘을 가진 호족 출신의 외할아버지들이 있었다. 그래서 태조의 뒤를 잇는 임금을 정할 때마다 왕자들과 호족들 사이에서 치열한 권력 다툼이 일어나게 됐다.

왕규의 난
(혜종 2년, 945년)
호족 출신 왕규는 태조가 죽고 혜종이 왕에 오르자 혜종을 죽이고 자신의 외손자인 광주원군을 왕위에 세우고자 하였으나 실패했다. 그 사건을 왕규의 난이라 한다.

태조의 뒤를 이어서 첫째 아들인 혜종이 왕위에 올랐으나 혜종의 어머니 가문인 나주 오씨는 힘이 약한 편이었다. 그래서 당시의 강력한 호족이었던 왕규의 눈치를 볼 수밖에 없었다. 급기야 혜종은 뜻대로 정치를 펼치지 못했고, 왕위에 오른 지 3년 만에 의문의 죽음을 당하였다. 그의 뒤를 이어 왕건의 셋째 아들인 정종이 왕위에 올랐지만 여전히 호족들 간의 권력 다툼은 계속됐고, 왕권은 불안한 상황이었다. 이런 상황에서 정종의 뒤를 이어 즉위한 제4대 임금 광종은 왕권 강화를 이뤄내고 정치를 안정시키기 위해 다양한 정책을 실시했다. 그의 최대 목표는 호족의 힘을 꺾고 왕권을 강화하는 일이었다.

괴산 각연사 통일대사탑비(충북 괴산)
통일은 중국에 유학을 다녀온 후 고려 태조의 존경을 받았고, 광종은 그에게 통일대사라는 시호를 내렸다. 광종 9년(958년)에 세워진 비석이다.

청주 용두사지 철당간(충북 청주)
용두사 터에 세운 철제 당간으로 글씨에 광종의 연호인 준풍이 쓰여 있다. 김원이 짓고 해서로 써서 손석이 새겨 962(광종 13)에 세웠다. 당간이 남아 있는 드문 예로 현재 원 위치에 보존되어 있는데 30단 중 현재 20단이 남아 있다.

용두사지 철당간

한림학생(翰林學生) 김원(金遠)이 짓고 아울러 썼으며 새긴 이는 손석(孫錫)이다.

일찍이 듣건대 **당간**이 만들어진 바는 불문(佛門)을 꾸미는 옥같은 표지이며 **번개**의 유래는 법당을 장엄하는 신령스런 깃발이라 하였다. 그 모양은 학이 푸른 창공을 날아 오르고 용이 푸른 하늘을 뛰쳐 오르는 것과 같다. 세운 사람은 크게 신앙심을 일으키고 바라보는 사람은 반드시 충정의 정성을 기울일 것이니 진실로 마귀를 항복받는 쇠지팡이요 도적을 물리치는 무지개 깃발임을 알겠다.

근래에 당대등(堂大等 : 고려 향리 중의 최고위 직함. 983년에 호장으로 바뀜) 김예종(金芮宗)이라는 이가 있으니 고을의 큰 가문이요 지방의 손꼽히는 집안이다. 우연히 병에 걸려 문득 부처와 하늘에 약속하기를, 우러러 철당간을 삼가 만들기를 빌고, 엎드려 훌륭한 사찰을 장엄할 것을 맹서하였다. 그러나 세월은 멈추기 어렵고 죽음에 빠지기는 쉬워 그 사이에 몇 년이 늦어지고 때는 쉽게 멀어졌다. 이때에 종형인 당대등 김희일(金希一) 등이 저쪽에서 돌이킨 서원이 되게 하고 이쪽에서 끊어진 인연을 이어 마침내 30단의 철통을 주조하게 하고 이어 60척의 당주(幢柱)를 세웠다. 구름을 뚫고 해를 받들고 안개를 관통하여 공중에 기대어, **노반**의 사다리로도 용개(龍盖)에 오르기 어렵고 **감녕**의 비단 밧줄로도 옥돌줄을 당하기 어렵겠다. 죽은 이를 받드는 마음이 깊고 망한 이를 일으키는 정이 간절하여, 금강의 썩지 않음을 심고 옥찰(玉刹)의 무궁함을 영위한다고 할 수 있겠다. 나는 아교처럼 완고한 사람으로 어리석고 천박한데 문득 나에게 권유함을 입게 되어 겨우 짧은 글을 나타낸다. 사(詞)에 이르기를,

당간이 처음 서서 하늘 가운데에 미치니
공교롭게 물건의 모양을 이루어 불법을 장엄하도다
형제간의 두 집이 합쳐 선업을 닦아
주조하고 세우니 영겁토록 무궁하리라
이 절(용두사)의 영(令)은 석주(釋紬) 대덕(大德)(중략)

준풍(고려 광종의 연호, 960~963) 3년(광종 13) 임술년 2월 29일에 주조하여 완성함.

당간 : (幢竿 : 법회 같은 행사가 있을때 절에 다는 기(당)를 달아매는 장대(기둥)로 주로 나무, 돌, 구리, 쇠 등으로 만들며 불보살의 공덕과 위엄을 나타내기 위해 사찰이나 법당 앞에 세움)

번개 : (幡盖 : 부처와 보살의 위덕을 나타내는 깃발과 우산 모양의 장식물)

노반 : (盧班 : 중국 전국 시대 인물로 각종 무기와 배, 차(車), 농기구, 목제 솔개 등을 제작한 발명가)

감녕 : (甘寧 : 오나라 손권의 부하 장수로 적벽대전에서 위의 조조 군대에 승리를 거둠)

철당간지주 글씨 부분(충북 청주)

더 알아보기

황제의 나라 고려

불상의 명문에는 "태평(太平, 송나라 연호인 태평흥국을 말함) 2년 정축년(경종 2년, 977년) 7월 29일에 옛 석불이 있던 것을 중수하여 지금의 '황제'(경종)가 만세토록 사시기를 바랍니다."라고 쓰여 있다.

광종은 임금이 되자, '칭제건원' 즉, 자신을 황제라 칭하고 독자적인 연호인 '광덕'(후에 '준풍'으로 바꾸어 사용)을 사용하여 고려가 자주국임을 드러내었다. 또한 개경을 황제가 머무는 도읍지, 즉 '황도(皇都)'라고 불러 왕의 힘을 널리 알렸다.

광종은 후삼국 시대의 혼란기에 불법으로 노비가 된 자들을 조사하여 양인으로 해방시켜 주는 노비안검법을

하남 교산동 마애약사여래좌상(경기 하남)
옆에 태평 2년이라는 연도와 '황제'라는 글자가 새겨져 있다.

연천 숭의전지(경기 연천)
고려 태조를 비롯한 혜종·정종·광종·경종·목종·현종의 위패를 모시고 제사를 지낸 곳이다.

실시했다. 호족들이 언제든지 군사로 부릴 수 있었던 자신의 노비들을 나라의 백성인 양인들로 해방시켜줌으로써 호족들의 힘을 약화시킬 수 있었다.

이어 광종은 중국의 후주에서 고려로 귀화한 쌍기의 건의를 받아들여 과거 제도를 실시했다(958년). 과거제가 실시되면서 관직의 대부분을 독차지하던 호족들을 대신하여 유학을 공부한 새로운 인물들이 관리가 될 수 있었다. 과거제 실시는 신구 세력이 교체되는 계기를 마련했던 것이다.

시험을 통해 관리를 선발하는 과거 제도의 실시는 고려를 건국하는데 도움을 준 공신 세력에게 큰 타격이 됐다. 과거 제도가 실시되기 전에는 주로 고려의 건국에 공을 세운 공신의 자제들이 벼슬을 할 수 있었기 때문이다. 광종의 이러한 노력으로 호족 세력이 크게 약화되고 왕권이 강화될 수 있었다.

더 알아보기

최승로의 시무 28조(일부, 요약)

조항	주요 내용
1조	– 서북 변경의 수비 강화
5조	– 중국에 대한 사신의 감축
7조	– 주요 지역에 대한 외관 파견
10조	– 승려들의 객관(客館)·역사(驛舍)에의 유숙 금지
11조	– 고려 고유의 풍속 준수
12조	– 섬 주민들에 대한 공역(貢役)의 균등화
13조	– 연등회·팔관회와 우인(偶人: 사람의 형체처럼 만든 것)의 조성에 따른 백성들의 고충 해결
14조	– 군주의 신하 예우
15조	– 궁중의 노비와 말(馬)의 수 감소
16조	– 사찰(절)의 지나친 설립 비판
18조	– 금·은·동·철을 사용한 불상 제작과 사경의 금지
19조	– 삼한공신과 세가의 자손들에 대한 관직 제수
20조	– 불교를 수신(修身)의 덕목으로 유교를 치국(治國)의 이념으로 삼을 것
21조	– 번잡한 제사를 감하고 군왕의 유교적 몸가짐 강조
22조	– 양인과 천인의 법 확립을 통한 엄격한 사회 신분 제도 유지

3) 성종, 유교 정치를 실현하다

광종의 아들인 경종에 이어 왕위에 오른 제6대 임금 성종은 유학을 나라를 다스릴 원리로 삼아 새로운 정치를 폈다. 물론 성종도 고려가 불교 국가라는 것을 인정했지만, 정치를 잘하기 위해서는 유학이 필요했다. 그리하여 성종은 신라 출신 유학자들을 적극 등용하여 유교 정치를 실현하고자 했다.

이때 정치가로 활약한 인물이 최승로였다. 최승로는 시무 28조를 올려 유교 정치 이념을 채택하고, 나라 살림을 낭비시키는 불교 행사를 축소할 것을 건의했다. 성종은 최승로의 건의를 받아들여 정치를 더욱 발전시켜 나갔다.

성종은 고려의 정치 체제를 완성시킨 왕으로 당나라 근본 정치 제도인 3성 6부제를 참조하여 고려의 중앙 정치 체제를 2성 6부제로 완성했다. 또한 지방에 12목을 두고 지방관을 파견함으로써 지방에 대한 중앙 정부의 지배력을 높이고자 했다. 그러나 고려 정부는 모든 지방에 관리를 보내지는 못했다. 또한 유교 교육의 진흥을 위해 오늘날의 국립 대학이라 할 수 있는 국자감을 정비하고, 각 지방에 경학 박사와 의학 박사를 보냈다.

3. 문벌 귀족 사회가 성립하다

성종 이후 중앙 집권적인 국가 체제가 확립됨에 따라 중앙에서 유학 지식을 갖춘 새로운 지배층이 형성되어 갔다. 이들은 주로 지방 호족 출신으로 중앙 관료가 된 계열과 신라 6두품 계통의 유학자들이었다. 여러 세대에 걸쳐 계속해서 중앙에 높은 관리들을 배출함으로써 점차 힘 있는 가문으로 성장한 세력을 '문벌 귀족'이라 했다.

문벌 귀족은 과거와 음서를 통하여 관직을 독차지했다. 이들은 관직에 따라 과전을 받고, 또 여기에 자손에게 세습이 허용되는 공음전의 혜택을 받았을 뿐 아니라, 개인이나 국가의 토지를 불법적으로 차지하여 경

음서
음서란 왕족이나 공신의 자손, 또는 5품 이상 고급 관리의 자식에게 과거 시험을 치르지 않고도 관리가 될 수 있는 특혜를 주는 것이다.

공음전
높은 관리나 공신들에게 특별히 나라에서 내린 토지이다. 관직에서 물러나면 나라에 반납해야 했던 전시과와 달리 후손에게 물려줄 수 있는 공음전은 음서와 더불어 문벌 귀족을 지탱해 주는 중요한 요소였다.

제력을 키워 나갔다.

또한, 이들은 문벌 귀족 또는 왕실과 혼인 관계를 맺어 권력을 독점했다. 이렇게 문벌 귀족들이 권력을 독차지해가면서 그 모순이 드러나게 되었는데, 이자겸의 난(1126년)과 묘청의 난(1135년)은 그 대표적인 사례다.

4. 이자겸, 난을 일으키다

11세기 이래 대표적인 문벌 귀족은 경원(인천) 이씨였는데, 무려 80여 년간 권세를 누렸다. 경원 이씨는 왕실과의 혼인을 통해 권력을 지켜갔다. 경원 이씨 가문의 딸들은 거의 다 왕실과 결혼한다는 말이 있을 정도로 많은 왕비를 배출했다. 그 시작은 이자연의 세 딸이 모두 문종의 왕비가 되면서부터였다.

이자연(1003년~1061년) 묘지석(국립중앙박물관)
그의 딸 셋이 문종에게 시집가는 등 최고의 가문이었다.

그 뒤 이자연의 손자인 이자겸은 자신의 딸이 예종에게 시집가 낳은 어린 인종에게 두 딸을 다시 시집보냈다. 이로써 이자겸은

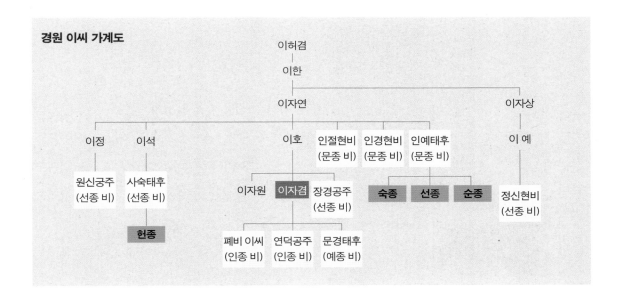

경원 이씨 가계도

이허겸
이한
이자연 ─ 이자상

이정 · 이석 · 이호 · 인절현비(문종 비) · 인경현비(문종 비) · 인예태후(문종 비) · 이 예

원신궁주(선종 비) · 사숙태후(선종 비)
이자원 · 이자겸 · 장경공주(선종 비) · 숙종 · 선종 · 순종 · 정신현비(선종 비)

헌종

폐비 이씨(인종 비) · 연덕공주(인종 비) · 문경태후(예종 비)

인종에게 외할아버지이자 장인이 되었다. 오늘날에는 상상도 할 수 없는 일이지만 인종은 두 명의 이모와 결혼했던 것이다.

이자겸은 인종이 왕이 되는 데에 결정적인 공을 세우면서, 이후 조정의 권력을 독점하였다. 이자겸 일파가 지나치게 권력을 독차지하자 일부 신하들이 그들을 제거하고자 했으나 실패하고 말았다.

이자겸의 권력이 인종까지도 위협할 정도가 되자 일부 신하들이 인종과 논의하에 이자겸 일파를 제거하려 하였으나 거꾸로 그들에게 위협을 당하였다. 곧 이자겸은 자신의 권력을 믿고 척준경과 난을 일으켜 왕을 가두고 스스로 임금이 되고자 했는데, 이를 '이자겸의 난'이라 부른다. 그는 왕위에 대한 미련으로 '십팔자득국(十八子得國)' 곧 삽팔자의 성씨인 이(李)씨가 나라를 얻는다는 도참설을 믿었다. 그러나 인종이 보낸 관료의 설득에 넘어간 척준경이 다시 이자겸을 배신하여 실패하였다. 이후 경원 이씨 가문은 중앙 정치에서 멀어졌다.

이자겸의 난 이후, 인종은 왕권을 회복하고 백성들의 삶을 안정시키기 위해 여러 가지 일을 추진했다. 이 과정에서 김부식을 중심으로 한 보수적 관리들과 묘청, 정지상을 중심으로 한 지방 출신의 개혁적 관리들이 대립하면서 또 하나의 사건인 묘청의 난이 일어났다.

척준경
이자겸과 함께 인종을 몰아내고자 대궐에 침입했다가 왕의 권유로 뜻을 바꾸어 이자겸을 잡아 귀양보내고 공신이 되었다.

5. 묘청, 도읍을 서경으로 옮길 것을 주장하다

이자겸의 난 이후 인종은 여러 개혁을 추진하고자 했다. 이 개혁 과정에서 김부식을 비롯한 개경의 문벌 귀족들과 묘청과 정지상을 중심으로 하는 서경(평양) 출신의 새로운 정치 세력들 사이에 다툼이 일어났다.

서경 출신의 관리들과 묘청은 인종에게 칭제건원, 즉 고려를 황제국이라 칭하고, 독자적인 연호를 사용할 것을 주장했다. 아울러 고려를 위협하던 금나라 정벌을 건의했다. 금나라는 고려 북쪽에 살던 여진족들이 힘을 합쳐 세운 나라였는데, 당시 고려를 끊임없이 위협하고 있었다.

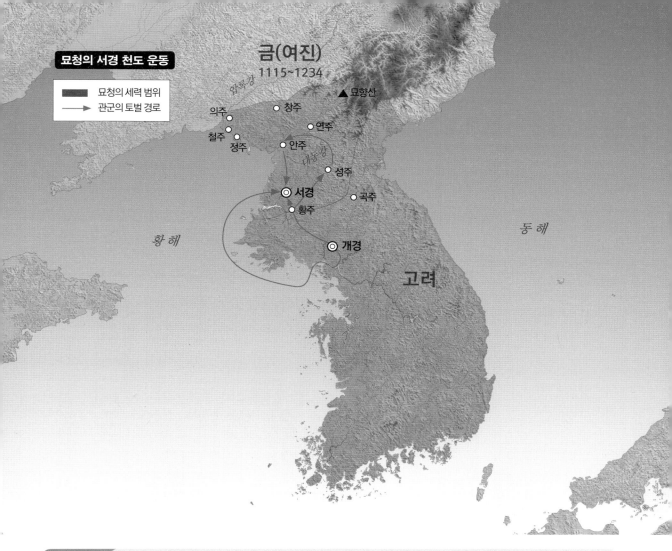

묘청의 서경 천도 운동

서경(평양)으로 행차하였다. 승 묘청과 분사검교소감 백수한이 스스로 음양의 술법을 안다 하고 허황하고 이치에 맞지 않는 말로 여러 사람을 현혹시켰다. 정지상은 서경 사람이라 그 말을 깊이 믿고 말하기를 "상경은 터의 힘이 이미 쇠하여 궁궐이 다 타서 남은 것이 없고, 서경에는 왕의 기운이 있으니 마땅히 임금이 옮겨 앉아 상경으로 삼아야 합니다."하였다. 마침내 근신 김안과 모의하기를 "우리가 만약 왕을 모시고 서도로 옮겨 앉아 상경으로 삼는다면 마땅히 중흥공신이 될 것이니, 다만 일신만이 부귀할 뿐 아니라 자손에게도 무궁한 복이 될 것이다."하였다. …… 묘청 등이 아뢰기를 "신 등이 서경의 임원역 지세를 관찰하니 이것이 곧 풍수들이 말하는 큰 꽃 모양의 터입니다. 만약 궁궐을 지어서 거처하면 천하를 병합할 수 있으며, 금나라가 폐백을 가지고 스스로 항복할 것이며, 36나라가 모두 신하가 될 것입니다." 하므로 이번 왕의 행차가 있었다.

『고려사절요』 권9, 인종 6년 8월

이자겸이 다스리던 때 문벌 귀족들은 전쟁을 피하고자 금나라와 사대(작은 나라가 큰 나라를 섬기는 행위)의 예를 맺어 버렸다. 정지상과 같은 서경 출신의 관리들은 이에 불만을 품었다.

다른 한편, 묘청은 풍수지리설을 내세워 땅의 기운이 다한 개경 대신에 서경으로 도읍을 옮김으로써 개경의 귀족 세력을 약화시키자 했다. 요컨대 서경 세력은 서경으로 수도를 옮기고, 금나라를 정벌하여 과거 고려의 위상을 되찾고자 했던 것이다.

인종시책(국립중앙박물관)
의종이 아버지인 인종에게 시호를 올리면서 지은 글을 새긴 것으로, 여기에는 묘청의 난을 진압한 사실이 들어 있다.

더 알아보기

조선 역사상 일천년래 제일대사건 (一千年來 第一大事件)

고려 인종 13년(1135) …… 묘청의 천도 운동에 대하여 역사가들은 단지 왕사(임금의 친위부대)가 반란한 적을 친 것으로 알았을 뿐인데, 이는 근시안적인 관찰이다. 그 실상은 낭가(郞家)와 불교 양가 대 유교의 싸움이며, 국풍파(國風派) 대 한학파(漢學派)의 싸움이며, 독립당 대 사대당의 싸움이며, 진취 사상 대 보수 사상의 싸움이니, 묘청은 전자의 대표요 김부식은 후자의 대표였던 것이다. 묘청의 천도 운동에서 묘청 등이 패하고 김부식이 이겼으므로 조선사가 사대적, 보수적, 속박적 사상인 유교 사상에 정복되고 말았다. 만약 김부식이 패하고 묘청이 이겼더라면 조선사가 독립적, 진취적으로 진전하였을 것이니, 이것이 어찌 조선 역사상 일천년래 제일대사건(朝鮮歷史上 一千年來 第一大事件)이라 하지 아니하랴.

신채호, 『조선사연구초』

그러나 개경의 귀족 세력을 대표하던 김부식은 전쟁으로 백성의 삶이 어려워지게 하느니, 차라리 금나라에 사대하는 편이 낫다고 주장했다. 김부식과 묘청의 세력 간의 권력 다툼에서 인종은 결국 개경 귀족들의 손을 들어주었고, 서경 천도는 물거품이 되었다.

서경 세력은 서경 천도의 뜻이 꺾이게 되자 서경에서 난을 일으켰다(1135년). 묘청 일파는 나라 이름을 '대위(大爲)', 연호를 '천개(天開)'라 하며, 자신들의 군대를 하늘에서 보낸 '천견충의군(天遣忠義軍)'이라 하였다. 하지만 기세가 등등하였던 초반과 달리 김부식이 이끈 고려 정부군의 공격으로 난은 약 1년 만에 진압되었다.

6. 실정에 맞는 정치 제도를 마련하다

건국 초 미비했던 중앙 정치 조직은 성종 때 와서 제대로 갖추어지게 됐다. 성종은 중국(당나라)의 3성 6부의 통치 체제를 참고하여 2성 6부를 만들어 고려 정치 체제의 기틀을 마련했다. 이렇게 안정된 중앙 정치 조직을 갖추게 된 후 지방에도 12목을 설치하여 임금이 임명한 지방관들을 파견하게 됐다.

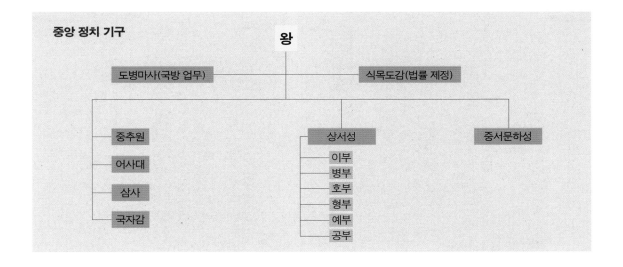

중앙에는 중서성과 문하성을 합쳐 중서문하성으로 하고, 상서성의 2성을 두었다. 상서성 아래에는 이부·병부·호부·형부·예부·공부가 있었는데, 6부는 행정 실무를 맡아보았다. 6부는 형식적으로는 상서성에 속해 있었으나 나름 독자적인 행정조직을 갖추었다.

이외에도 중추원은 군사 기밀과 왕명의 전달을 담당했고, 삼사는 국가 수입과 관련된 회계 업무를 담당했다. 삼사의 기능은 주로 국가의 수입과 세무, 녹봉 관리 등에 한정되어 있었다.

어사대는 정치의 잘잘못을 논하고 관리의 비리 감찰, 풍속의 교정 업무를 맡았다. 어사대의 관원은 중서문하성의 낭사와 함께 대간으로 불리었는데, 정치에 잘잘못을 가리는 언론 기관의 역할을 맡았다.

고려의 정치 조직이 당나라와는 다르다는 점을 가장 잘 보여주는 것이 도병마사와 식목도감이란 기구이다. 도병마사는 고려 초에 설치된 것으로 군사에 관한 중대한 비밀과 국방에 관한 일을 결정하던 합의 기관이다. 국가의 중대한 일이 있을 때 고위 관리들이 여기서 회의를 하여 국방 문제를 결정했다. 무신 정변 이후 도병마사는 그 기능이 마비됐다가 원 간섭기에 도평의사사로 개편됐다. 식목도감 또한 국가의 법과 제도 등 국가의 중요한 제도와 의식을 의논하던 합의체 기관이다. 도병마사와 식목도감의 설치는 고려 정치가 귀족 중심으로 운영되었다는 사실을 보여 준다.

대간
대간은 비록 직위는 낮았지만, 왕이나 고위 관리의 활동을 돕거나 감시하여 정치가 잘 이루어지도록 했다.

7. 지방 제도를 새로이 마련하다

중앙에서 처음으로 지방에 지방관이 파견된 것은 성종 2년(983) 12목의 설치 이후이다. 처음에는 최승로의 건의로 큰 고을인 12목(양주, 광주, 충주, 청주, 공주, 진주, 상주, 전주, 나주, 승주, 해주, 황주)에만 수령이 파견됐으나 점차 다른 주현에도 관리들을 보내며 지방에 대한 국가의 지배력을 높여갔다. 이후 현종 때에는 전국을 5도와 양계, 경기(개경을 포함한 부근 지역)로 크게 나누었다.

　고려 5도에는 주와 군·현이 설치되고 지방관인 안찰사가 도마다 파견되어 각 지방을 순찰했다. 안찰사는 임금의 명령을 받아 지방을 감찰하기 위해 보낸 관리라고 볼 수 있다. 북쪽의 국경 지대에는 동계·북계의 양계를 설치하여 병마사를 보냈다. 병마사들은 중요한 곳에 설치된 군사 진지들을 담당하여 적으로부터 고려 국경을 방어했다.

　5도 양계를 만들었다고 해도 모든 군현에 지방관을 파견하지는 못했다. 실제로 중앙에서 지방관을 파견하지 않은 군과 현이 더 많았는데, 이를 속군·속현이라 한다. 이러한 속군·속현은 그 지역 호족이나 향리들이 다스렸다고 볼 수 있다.

　속군·속현과 향·부곡·소 등 특수 행정 구역은 지방관이 파견되는 주

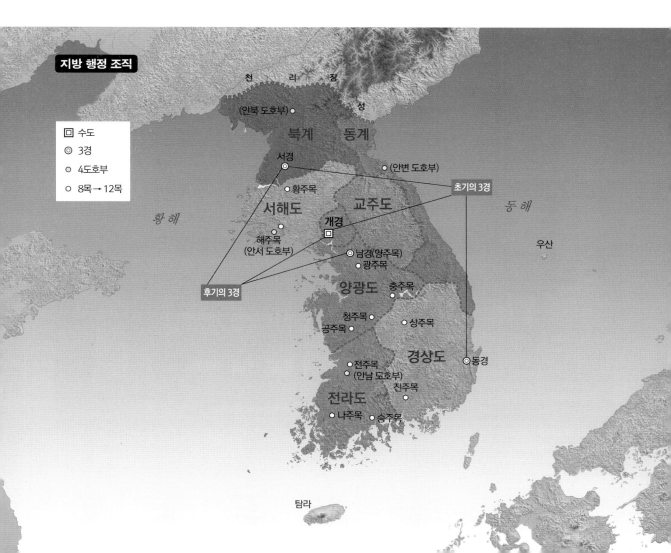

현을 통하여 간접적으로 중앙 정부의 통제를 받고 있었다. 지방관이 없는 지방에서는 그곳의 토착 세력인 향리가 세금을 걷거나, 나라의 큰 공사에 백성들을 동원하는 일을 대신 맡아보았다. 이후 조선으로 나라가 바뀌고 나서야 모든 군현에 지방관이 보내지게 됐다.

8. 중앙군과 지방군을 갖추다

1) 중앙 군대의 기본 모습을 갖추다

건국 초 각 지역의 호족들은 자신의 군대를 따로 가지고 있었다. 그러나 고려가 점차 중앙 집권적 통치 체제를 만들어감에 따라 군사 조직도 이에 맞춰 정비되어 갔다. 고려는 개경에 경군이라 불리는 중앙군을 두었다가 이후 2군 6위로 구성된 중앙군을 조직했다.

2군은 왕궁을 지키는 임무를 맡았고, 6위는 개경과 국경의 방어 임무

망선루(충북 청주)
고려 시대 청주 관청의 누각이었다고 전해지는데, 현재의 건물은 조선 시대에 지어졌다.

를 맡았다. 2군은 국왕의 친위대로 응양군과 용호군으로 구성됐고, 6위
보다 지위가 더 높은 부대였다. 6위는 전투 및 수도 개경의 치안과 경비
를 맡은 부대였는데, 좌우위·신호위·흥위위·금오위·천우위·감문위로
구성됐다. 2군 6위는 상장군(정3품)과 대장군(종3품)이 이끌었다.

고려의 중앙군인 2군과 6위는 무반이라 불리는 장교들과 일반 군인들
로 편성되어 있었다. 이들에게는 군인전을 지급했는데, 그 땅에서 세금
을 받는 권한을 준 것이다. 이들은 이를 통해 필요한 장비와 생활비를
마련했다.

2) 지방의 군사 조직을 갖추다

지방에는 주현군과 주진군이 있었는데 주현군은 5도 및 경기에 배치
된 부대로 중앙군처럼 전문 군인이 아니라 일반 농민을 뜻하는 '백정'들
중에 16세 이상의 장정들로 구성됐다.

한반도의 북부 지역은 북방 민족과 접경 지역으로 늘 적에게 노출되
어 있었다. 고려는 북방 민족의 침입으로부터 국토를 지키기 위해 양계
에 주진군을 배치했다. 주진군을 구성한 사람들은 대부분 해당 지역의
농민이며, 여기에 사민 정책으로 들어온 이주민이나 귀화한 여진인도 있
었다.

백정
고려 시대 일반 백성으로 농업에 종사한 평민들이다. 조선 시대의 백정은 가축 도살업자로 천민의 신분이므로, 고려와 조선 시대를 구분해서 사용해야 한다.

사민 정책
국가에서 후방 지역의 주민을 옮겨살게 하던 정책으로, 주로 삼남 지방이라 하여 충청도, 경상도, 전라도 지방의 백성을 국경 지역에 옮겨 살게 하였다.

더 알아보기

군 · 현제

삼한이 처음 평정되어 아직 행정 구역을 정리할 여가가 없었다가 태조 23년(940)에야 비로소 전국의 주·부·군·현의 명칭을 고쳤다. 성종은 다시 주·부·군·현과 관방, 역참, 강하, 포구의 명칭을 고쳐 마침내 전국을 10도로 나누고 12주에 각각 절도사를 두었다. …… 그 관하의 주와 군 총수는 580여 개였다. 우리나라 지리가 이 시기에 가장 발전되었다. 현종 초에 절도사를 폐지하고 전국에 5도호와 75도 안무사를 두었다. 얼마 후 안무사를 없애고 4도호와 8목을 두었다. 이후로 전국을 5도 양계로 정하여 양광·경상·전라·교주·서해도와 동계·북계라 하였다. 모두 4경, 8목, 15부, 129군, 335현, 29진 이다.

『고려사』 권56, 「지」10, 지리 1, 서문

3) 여진족을 막기 위해 별무반을 만들다

별무반은 숙종 때 여진족을 격퇴하기 위해 편성됐다가 여진과의 강화가 성립되면서 해체된 부대이다. 곧 숙종 9년 여진 정벌에 나섰던 윤관이 패하고 돌아와 강력한 기병대 편제를 갖춘 여진족에 대항하기 위해 설치 되었다. 별무반 안에는 기병 중심의 신기군과 보병 중심의 신보군, 승려로 구성된 항마군이 있었다. 기병 위주의 여진과 싸우기 위해서는 보병보다는 기병이 필요했으므로 이들 가운데 신기군이 주력 부대였다.

별무반은 다양한 신분 계층의 장정들이 포함됐다. 그런데 고려 때는 병사들이 스스로 전투에 필요한 장비를 구해야 했는데 신기군이 되기 위해서는 말을 가지고 있어야만 했다. 당시 말이 무척 비쌌기 때문에 애초 윤관이 주장했던 것과는 달리 신기군의 숫자는 얼마 되지 않았다. 이렇게 구성된 별무반을 이끌고 윤관은 여진을 격파하고 9성을 쌓았다.

9. 관리가 되는 길, 실력과 집안 배경

1) 과거, 실력으로 관리를 선발하다

고려는 과거와 음서를 통해 관리를 선발했다. 광종 때에 후주에서 귀화한 쌍기의 건의로 공신과 호족 세력을 억누르고, 왕권을 강화하기 위해 과거 제도가 도입됐다. 과거는 유교 지식을 갖춘 자들을 관리로 뽑을 수 있도록 만든 제도였다.

과거는 문과, 잡과, 승과로 나뉘었는데, 그중 문과는 제술과와 명경과로 나뉘어져 있었다. 제술과는 글을 짓는 능력과 나라의 중요한 정책을 생각해내는 능력을 시험하였고, 명경과는 유교 경전에 대한 이해 능력을 시험했었다. 두 시험 모두 문신을 선발하기 위한 것이었지만, 제술과가 보다 더 중시되어 과거라 하면 보통 제술과를 이야기하는 거였다고 한다. 기술과 관련된 관리들을 뽑기 위해 만들어진 잡과는 법률·회계·의학·지리 등 실용적인 기술과 관련된 내용으로 시험을 쳤다. 또한 불교

를 숭상한 고려는 승려들을 위한 승과 시험이 있었는데, 승과에 합격한
승려에게는 법계라하는 품계를 주었다.

 과거 응시 자격은 법적으로 양인 이상이면 누구나 과거에 응시할 수
있었으므로 노비와 같은 천인들은 응시할 수 없었다. 실제로 문과의 제
술과나 명경과는 주로 귀족과 향리의 자제가 응시했고, 일반 농민인 백

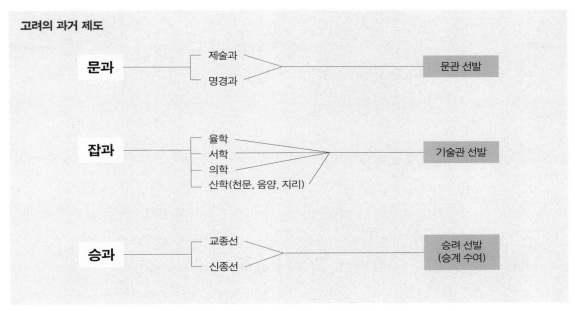

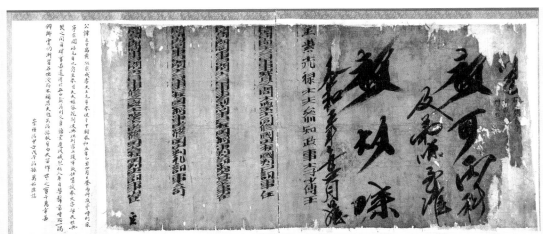

과거 합격증인 홍패(안동 한국국학진흥원)
고려 희종 원년(1205년)에 진사시에 급제한 장양수에게 내린 교지이다. 장양수는 울진부원군 문성공 장말익의 8세손으로 추밀원부사, 전리판
서 등을 역임했으며 고려 개국공신 장정필의 12세손이다. 앞부분이 없어져 완전한 내용을 파악할 수 없으나, 고시에 관여했던 사람의 관직과 성
이 기록되어 있다. 문서의 형식은 중국 송나라 제도에서 받아들인 듯하며, 지금까지 전해지는 패지 가운데 가장 오래된 것이다.

정은 잡과에 응시했다. 한 가지 특이할 만한 점은 무관을 뽑는 무과는 시행되지 않았다는 점이다.

과거는 관리를 뽑기 위해서 실시된 것이지만, 과거에 급제했다고 해서 모두가 관리로 임명된 것은 아니었다. 합격 인원에 비해서 관직의 숫자가 적었기 때문에 성적과 출신 가문이 관리로 임명되는 데에 영향을 주었다.

훗날 과거에서 시험관인 좌주와 합격생인 문생들 사이에 긴밀한 관계가 맺어지면서 좌주들이 자신이 뽑은 문생들과 사제 관계를 이루었다. 나아가 좌주와 문생은 마치 아버지와 아들 관계처럼 가깝게 지내는 문화가 만들어졌다.

좌주와 문생
관직에 나아갈 때 어느 좌주 밑에 있는지를 두고 관리들 사이에서 무리가 나누어지면서 부정부패를 저지르는 일이 일어나기도 했다. 이때 같은 기수의 합격자끼리의 모음을 '동년계'라 했다.

2) 음서, 집안의 배경으로 관리가 되다

음서는 공을 세운 신하나 고위 관리의 자손들이 그 지위를 대대로 이어 가도록 한 제도이다. 곧 과거에 합격하지 못한 사람이라도 이를 통해 관리로 등용될 수 있었다. 음서의 자격은 왕족의 자손과 공신 및 5품 이상 관리의 아들·손자·사위·외손자·동생·조카까지였다.

음서는 정기적으로 흔하게 시행됐는데, 즉 벼슬을 줄 수 있는 사람을 달리하면 벼슬을 받는 사람들이 혜택을 받을 수 있었다. 또한 같은 형제라 하더라도 하나의 관직을 줄 수 있는 사람을 바꿔서 관료가 될 수 있었다. 무엇보다도 음서는 귀족의 특권을 자손 대대로 유지하려도록 해주었다는 데에 의미가 있다. 그러므로 이 제도는 고려 사회가 문벌 귀족 중심이었다는 점을 다시 한번 확인할 수 있는 부분이다.

파주 서곡리 벽화 고분의 고려 관인

경기도 파주시 진동면 서곡리에 있는 고려 시대의
벽화 무덤의 그림이다. 네 벽에는 12지신상, 북두
칠성 및 5인의 인물상을 그렸다. 묘지석을 통해 이
무덤의 축조 연대가 공민왕 때인 1352년이고 주
인공이 권준임이 밝혀졌다. 권준은 고려 충선왕에
서 공민왕 즉위 무렵까지 활동한 고위 관료였고,
성리학 도입 단계에서 중요한 역할을 한 권부의
아들이다.

서곡리 고려 벽화 고분의 관리(경기 파주)
공민왕 때 만들어진 무덤으로 무덤의 북쪽에 그려졌다. 홀을 든 모습이 그려진 것으
로 보아 당시의 관리로 여겨진다.

과거의 시행

• 과거 준비 : 9재(문헌공 최충(해동공자)이 세운 명문 사립 학교)는 100년 이상의 전통을 가진 사립 학교로
  위로는 재상집 자제에서 아래로는 지방 과거 응시자까지 입학함. 관료는 여기 출신이 대부분이어서 과거
  고시관인 지공거가 되었으므로 출제 경향을 쉽게 알 수 있을 뿐만 아니라 과거 급제 후에도 '좌주와 문생'
  이라 하여 연결될 수 있었다.

• 교과목 : 『주역』,『상서』,『모시』,『예기』,『주례』,『의례』,『춘추좌씨전』,『춘추공양전』,『춘추곡량전』의 9
  가지 경서와 『사기』,『한서』,『후한서』의 3가지 역사책.

• 사마시(예비시·국자감시) : 소과라고도 한다. 생원시는 유교 경전에 관한 지식을 경서와 사서(四書)로, 진
  사시는 문예창작에 관한 재능을 시와 부로써 시험했다.

• 예부시는 대과로 문장 능력을 보는 제술과와 유교 경전의 이해를 시험하는 명경과가 있었다.

• 합격 후 3-4년 내에 지방관을 가는 것이 보통이었으나 다소 늦은 편임.

무신 정권이
이루어지다

무인석(공민왕릉, 개성)
공민왕릉에 있는 무인석의 모습이다

1. 무신들이 나라의 권력을 차지하다

고려는 힘과 무력보다는 문치, 즉 학문과 문화를 통해 나라를 다스리는 것을 중요시했다. 그래서 벼슬에 있어서도 무신보다는 문신을 높이 대우하는 사회였다. 그러다보니 신분이 높은 귀족들로 이루어졌던 문관에 비해 신분이 낮은 사람들이 하던 무관을 업신여기는 분위기가 만연했다. 나라에 큰 전쟁이 나면 군대를 이끄는 자리도 무신이 아닌 문신들이 맡았었다. 거란과 전쟁에서 활약했던 서희, 강감찬은 장군이라고 하나 사실은 모두 문신 출신이었다.

무신들은 오랫동안 계속되어 온 차별 대우와 문신 위주의 정치에 불만을 품고 있었다. 특히, 낮은 대우와 각종 잡역에 시달린 하급 군인들의 불만은 더욱 컸다. 나날이 커지던 무신들의 불만은 결국 놀이와 향락에 빠져 나라를 제대로 돌보지 않던 의종이 다스리던 때 폭발했다.

정중부, 이의방, 이고 등 무신들은 의종이 개경 부근에서 놀이를 즐길 때를 이용하여 다수의 문신을 제거하고 무신 정권을 세웠다. 그들은 의종은 폐위시키고 아우였던 명종을 꼭두각시 왕으로 추대했다. 이를 무

무신 정변의 원인

정중부는 해주 사람으로 용모가 우람하고 눈동자가 모지고 이마가 넓으며 얼굴 빛이 백옥 같고 수염이 아름다우며 키가 7척이 넘어서 위풍이 늠름하였다. …… 내시 김돈중이 나이는 젊고 기운은 세어서 촛불을 가지고 정중부의 수염을 태웠으므로 정중부가 그를 틀어잡고 혼을 내주었다. 그런데 김돈중의 부친인 김부식이 화가나서 왕에게 말하여 정중부에게 매질을 하려 하였으므로 왕이 비록 허락은 했으나 정중부의 사람됨을 비범하게 여겨 은밀히 도망시켜서 화를 면하게 하였다. 이때부터 정중부는 김돈중을 싫어하였다. …… 정중부가 날카로운 목소리로 한뢰를 힐난하여 말하기를 "이소응은 무관이나 벼슬이 3품인데 어째서 이처럼 심한 모욕을 하는가."라고 하니 왕은 정중부의 손을 잡고 달래서 말렸다. 이때 이고가 칼을 뽑고 정중부에게 눈짓하였으나 정중부가 그것을 중지시켰다. …… 부하를 시켜 큰 도로에서 외치기를 "문관의 관(冠)을 쓴 놈은 비록 서리(胥吏)라도 모조리 죽이고 씨도 남겨 두지 말라."라고 하였다.

『고려사』 권128, 「열전」 제 41, 반역 2, 정중부

신 정변(1170년)이라고 한다.

무신들이 정권을 잡자 이에 반대하는 사람들도 나타났다. 우선 명종 3년에 일어난 김보당의 난이 있었다. 그는 무신 정변 이후 혼란해진 정치 질서를 바로 잡고자 잘못이 있는 신하들을 탄핵했다. 그러나 탄핵 대상이 된 신하들이 횡포를 부렸고, 명종 임금 역시 그들을 감싸주었다. 이에 실망한 김보당은 난을 일으켜 무신 정변 때 쫓겨난 의종을 다시 왕으로 세우고, 정중부를 몰아내고자 했다. 그러나 김보당의 난은 진압되었고, 이에 가담했던 많은 문신이 죽임을 당하였다.

그 이듬해인 명종 4년에도 문신 조위총이 난을 일으켰다. 그는 서경, 즉 오늘날의 평양을 다스리던 서경 유수였는데 무신 정권의 지배자 정중부를 없애겠다며 난을 일으켰다. 3년 여의 긴 시간 동안 조위총은 무신 정권에 맞서 싸웠지만, 결국 패배하고 말았다.

초기 무신 정권의 핵심이었던 정중부, 이의방, 이고 등은 무신들의 합의 기구인 중방이란 기관을 통해 정치를 했다. 또 이들은 모든 중요한 관직을 자기 사람들로 채웠다. 그러나 이의방이 이고를 살해하고 일인자로 나서자 정중부는 이의방을 살해하고 정권을 잡았다(명종 4년, 1174). 정중부는 최고 관직인 문하시중에 오르고, 자기 아들을 공주에게 장가들이려 하는 등의 권력을 행사하다가 경대승이라는 부하에게 살해당하였다(1179년). 정중부를 죽이고 권력을 차지한 경대승은 도방을 만들어

더 알아보기

조위총의 난

(조위총은) 의종조 말기에 병부상서로서 서경 유수가 되었다. 정중부·이의방 등이 의종을 죽이고 명종을 세웠으므로, 명종 4년에 조위총이 병사를 일으켜 정중부 등을 토벌하기를 모의하여 드디어 동북 양계의 여러 성의 군대에 격문을 보내어 호소하기를, "듣건대 상경의 중방이 의논하기를, 북계의 여러 성에는 대개 사납고 교만한 자가 많으므로 토벌하려고 하여 이미 대병력을 출동시켰다고 한다. 어찌 가만히 앉아서 스스로 죽음에 나아가리오. 마땅히 각자의 병마를 규합하여 빨리 서경에 집결하도록 하라."하였다. 이에 절령 이북의 40여 성이 모두 호응하였으나, 오직 연주만은 성문을 닫고 굳게 지켰다.

『고려사』 권100, 「열전」 13, 조위총

자기 안전을 지키려 했다. 그러나 그는 결국 30세의 젊은 나이에 병으로 죽고 말았다(1183년).

경대승의 뒤를 이은 무신 정권의 지배자는 이의민이었다. 그는 어머니가 노비였으므로 본래 천민 출신이었으나 군인으로 선발된 뒤 하급 장교로 있다가 무신 정변에 적극 가담했다. 그는 거제도에서 경주로 옮겨온 의종을 살해하는 잔혹함을 보이기도 했다. 이후 이의민의 아들 이지영이 최충헌의 아우인 최충수와 크게 다투면서 서로 원한이 생겼다. 최충헌과 최충수 형제는 결국 이의민 부자를 살해함으로써 무신 정권의 새로운 지배자로 등장했다.

2. 무신들이 새로운 권력 기구를 만들다

중방은 고려 시대 때 장군들이 모여 궁궐과 수도를 지키기 위해 회의를 하던 곳이었다. 의종 24년 정중부 등의 무신들이 무신 정변을 일으켜 권력을 잡자, 중방은 중요한 나랏일의 대부분을 결정하는 막강한 권력을 가진 기관으로 탈바꿈했다.

이후 정중부 무리를 살해하고 경대승이 정권을 잡자 그는 자기 집에 도방이란 기관을 만들어 자신의 신변을 보호하도록 하는 동시에 그곳에서 중요한 일을 결정해 나갔다. 이는 경대승 자신이 모시던 장군인 정중

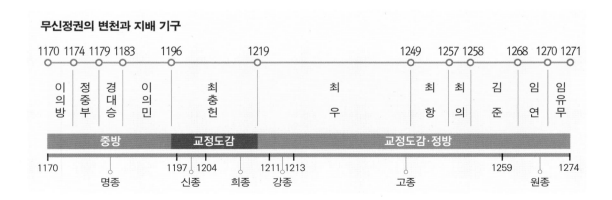

무신정권의 변천과 지배 기구

부를 죽이고 정권을 잡았으므로 자신 또한 같은 일을 당할 것을 두려워했기 때문이다. 그는 도방의 구성원들이 함께 먹고 함께 지내도록 하며 불의의 사고에 대비했다.

그러나 경대승은 30세의 젊은 나이에 병으로 죽었다. 그의 뒤를 이어 이의민이 무신 정권의 최고 권력자가 되었다. 이의민은 소금장수 아버지와 절의 노비였던 어머니 사이에 태어난 천민이었다. 그는 천한 신분에도 불구하고 뛰어난 무력으로 공을 세워 승승장구하여 마침내 최고의 권력자가 되었다. 그러나 이의민도 그의 아들인 이지영이 최충헌의 동생인 최충수의 비둘기를 빼았고자 하다 다툼이 일어나 결국 최충헌의 손에 죽임을 당하였다.

그 뒤 이의민을 죽이고 정권을 차지한 최충헌은 교정도감을 만들어 정치를 펼쳐나갔다. 1209년에 최충헌을 암살하고자 하는 사건이 있었는데, 한 승려가 이를 최충헌에게 알려주어 겨우 그 일을 피할 수 있었다. 최충헌은 이때 일을 조사하기 위해 임시로 교정도감을 설치하고 관련된 사람들을 찾아냈다. 그러나 그는 사건이 마무리된 뒤에도 교정도감을 계속 두어 자신의 반대 세력을 제거하는 데 이용했다. 교정도감은 최고의 정치기구로 기능을 했다가 무신 정권이 끝나자 폐지됐다.

3. 최씨 정권, 무신 정권의 승리자가 되다

무신 사이에 치열한 권력 투쟁에서 최종적으로 승리한 사람은 최충헌이었다. 최충헌 이후에 그의 자손들이 4대(최충헌-최우-최항-최의)에 걸쳐서 60여 년간 고려를 다스렸다. 최충헌은 경대승이 만든 도방을 강화하고, 국가의 각종 업무들을 지휘·명령하는 교정도감을 설치하였으며, 그 우두머리인 교정별감이 되어 자신의 뜻대로 정치를 펼쳐나갔다.

최충헌의 뒤를 이은 그의 아들 최우(뒤에 최이로 개명)는 교정도감을 통해 권력을 행사했다. 더 나아가 자기 집에 정방을 설치하여 관리들을 임명했다. 그리고 서방을 통해 일부 문신을 등용하여 정치에 도움을 받았다. 또 그는 삼별초(좌별초, 우별초, 신의군)를 조직하여 사병 역할을 하게 했는데, 이들은 당시 몽골과의 전쟁에서 크게 활약했다.

계속될 것만 같았던 최씨 정권도 4대 집권자인 최의가 김준 등의 부하들에게 살해되면서(1258년) 결국 막을 내렸다. 이어서 정권을 차지한 김준, 임연, 임유무 등의 무리 또한 제거되면서 무신 정권은 완전히 끝이 났다(1270년).

김준(?~1268년)
처음의 이름은 김인준으로 최씨 무신 정권을 무너뜨리고 10년간 권력을 잡았으나 원종의 미움을 사 임연 부자에게 죽임을 당했다.

최충헌(1149년~1219년) 묘지석(일본, 동경박물관)
최충헌의 묘에서 나온 것으로 그의 일대기가 기록되어 있다.

석릉(인천 강화)
희종은 고려 제21대 왕(재위 1204년~1211년)으로 즉위를 도운 공을 인정하며 최충헌을 문하시중진강군개국후에 봉했으나 횡포가 심하자 그를 죽이려다 실패한 후 폐위되어 강화로 쫓겨났다.

최충헌 가족을 위한 호신용 경전과 경갑
원래 이름은 불정심관세음보살대다라니경(佛頂心觀世音菩薩大陀羅尼
經)이다. 책의 끝부분 내용에서 "특별히 진강후 최(충헌)과 최우와 최향
이 재난이 문득 소멸되는 가운데 복을 누리며 오래오래 살기를 빈다."라
고 되어 있어서 최충헌과 최우, 최향 3대가 당시 겪고 있던 어려운 난을
빨리 해소하고 장수를 누리기 위해 새긴 것임을 알 수 있다. 곧 최씨 무신
정권의 중심 인물을 위하여 호신용으로 간행된 목판본이다.

최씨 정권은 권력 유지에만 힘썼을 뿐 그
당시 고려 사회가 가지고 있었던 근본적인
문제들을 해결하는 데는 적극적이지 않았다.
그들은 백성의 안정을 위한 노력에 소홀했
고, 그 결과 농민과 천민의 봉기가 무신 정권
이 끝나는 1270년까지 약 100년 간이나 계
속되었다. 정방에서는 중요한 자리에 오를
관리들을 결정하여 허수아비 노릇을 하던
임금의 허락을 받아냈다.

한편, 최우는 서방을 설치하여 자신을 호
위하게 함과 동시에 학문이 뛰어난 사람들
을 데려와 그들이 자신에게 충고를 할 수 있도록 했다. 그 영향으로 이
규보와 같은 뛰어난 학자들이 배출되기도 했다.

최씨 무신 정권을 지키던 또 하나의 군사 집단으로 삼별초가 있었다.
삼별초는 원래 최우가 수도를 지키기 위해 만든 야별초라는 부대로부터
시작했다.

이규보(1168년~1241년) 묘(인천 강화)
최충헌에 의해 발탁되어 많은 활약을 하였다. 『동국이상국집』과 『국선생전』, 「동명왕편」 등의 저술을 남겼다.

삼별초는 수도 개성의 치안을 담당하기 위해 만든 부대라고 했지만, 사실은 최씨 정권에 대항하는 세력을 견제하기 위한 조직이었다. 처음 나라 안의 도적을 막기 위해 조직된 야별초가 전국적으로 나라가 어려워 민란이 발생하고 초적의 숫자도 많아지면서, 이를 막기 위해 그 수가 늘어나게 되자 좌별초와 우별초로 나뉘었다. 또한 몽골군에 포로로 잡혔다가 풀려나온 사람들로 구성된 신의군이 만들어지면서 3개의 부대를 합쳐 삼별초라고 불렀다.

비록 삼별초가 최씨 정권의 지휘를 받는 경호원의 역할을 하던 부대였지만, 훗날 그들은 몽골군에 맞서 고려를 지키는 데 크게 활약했다. 삼별초는 백성들이 몽골군에 대항하여 성을 지키고 있을 때 함께 참여하여 활약했다.

이렇게 삼별초 부대원들이 활약을 거듭하고 있을 때인 1270년 무신 정권이 끝나고, 무신들에게 빼앗겼던 권력을 다시 되찾은 원종은 거듭되는 몽골과의 전쟁을 끝내고자 몽골과 강화를 맺었다. 그리고 임시로 피해있던 강화도에서 개경으로 다시 돌아올 것을 결정했다. 이에 배중손·김통정이 이끄는 삼별초 부대원들은 항복하기를 거부하고 끝까지

청자 동화 연화문 표주박 모양
주전자(리움미술관)
무신 정권 때 강화도에 있는 최
항의 묘지석과 함께 출토됐다
고 전한다.

더 알아보기

최이(최우)의 정방과 서방 설치

백관이 최이(崔怡)의 집으로 가서 정부(政簿)를 올리니 최이는 대청에 앉아서 그것을 받았으며 6품관 이하는 재배하고 집 아래 엎드려 감히 쳐다보지도 못했다. 최이는 이때부터 정방(政房)을 자기 집에 두고 문사(文士)를 선발해서 소속시켰는데 그들을 '필도치(必闍赤)'라 불렀다. …… 14년에 최이는 교정도감(教定都監)에게 지시해서 이미 과거에 급제하고도 아직 관직에 임명되지 못한 사람으로서 재능과 덕행이 있는 사람을 천거하게 하였다. 전에 최충헌이 교정도감을 두고 일반 서무를 장악하게 했는데 최이가 그대로 답습했다. 최이의 문객에는 당대 유명한 유학자들이 많아서 그들을 3개조로 나누어 교대로 서방(書房)에서 숙직하게 했다.

『고려사』 권129, 「열전」 42, 반역 3, 최충헌 부 최이

싸우기를 택했다. 이들은 군대를 해산하라는 원종의 명령을 거부하고 진도·제주도 등지로 옮겨 다니며 몽골군을 상대로 끝까지 싸웠다. 그러나 결국 삼별초의 항쟁은 고려와 몽골 연합군에 의해 진압되고 말았다.

4. 무신 정권기에 국왕과 문신은 어떠했나?

무신 정권 때 나라를 실제로 다스렸던 주인공은 무신들, 즉 오늘날의 군대 장군들이었다. 그들은 자신들에 대한 대우가 형편없음에 한을 품고 나라를 뒤엎는데 성공하자 원래 임금이었던 의종을 내쫓고 명종을 새로운 임금으로 세웠다. 하지만 무신 정권의 지배자들 또한 고려라는 나라의 중심에 왕이 있음을 알고 있었기 때문에 관리를 임명하거나 과거 시험을 통해 관리를 뽑을 때 임금에게 묻고, 승낙을 받는 식으로 임금의 권위를 인정해 주었다.

또한 무신들에게는 고민이 있었는데, 그들은 군대에서 병사들의 훈련을 맡거나, 전쟁에 나가 싸워본 적은 있었지만 실제로 나라를 다스려 본적이 없었다는 점이다. 나라를 다스리는 것, 즉 정치를 실제로 한다는 것은 여러 중요한 결정을 내려야 하는 어려운 일이다. 그런데 무신들은 이러한 일들을 감당해 낼 능력이 없었다. 그리하여 무신 정권이 들어선 지 얼마 뒤부터는 예전 문신들과 새로 과거를 통해 뽑힌 문신들이 꾸준히 관리로 임명되어 나랏일을 맡았다. 또 문신들을 교육시키기 위한 유학 교육도 꾸준히 이루어졌다.

이후 무신 정권에서 가장 오랫동안 권력을 유지했던 최충헌은 정치를 잘하기 위해 문신들의 도움이 반드시 필요하다는 것을 깨닫고 문신들을 자신의 편으로 만들어 나갔다. 결국 최충헌이 나라를 다스리던 시기에는 무신 정권으로부터 냉대 받아 오던 문신들이 활약할 수 있는 기회가 늘어나기도 했다.

5. 농민·천민들이 신분 해방 운동을 일으키다

무신 정변은 하루 아침에 권력을 차지하고 있던 귀족 세력을 뒤바꾼 큰 사건이었다. 곧 나라를 지배하는 사람들이 문벌 귀족들에서 무신들로 바뀐 것이었다. 이러한 변화 속에서 백성들에게 과거의 고려를 이끌던 문벌 귀족들이 도저히 넘볼 수 없는 재산과 품위, 권력을 지닌 사람들이었다면 신분이 높지 않았던 군인 출신의 무신 정권 지배자들은 그들보다 훨씬 권위가 떨어져보였다.

거기다 무신들은 정권을 차지한 후 불법적으로 자신의 땅을 넓혀가거나 백성들에게 세금을 가혹하게 걷는 등 많은 피해를 끼쳤다. 결국 백성들은 무신 정권을 상대로 봉기하게 됐다.

명종 때 수공업에 종사하던 '소(所)' 중의 하나인 공주 명학소에서 망이·망소이가 일으킨 봉기는 대표적인 사건이다. 망이와 망소이는 농민들을 모아 공주를 함락시키고, 수도인 개경을 향해 나아갔지만 결국 관군에게 진압 당했다. 정부는 그들을 회유하기 위해 명학소를 '충순현(忠順縣)'으로 높여주기도 했다. 당시 소는 특별 행정 구역이었기 때문에 그곳에 사는 백성들은 일반 지역에 사는 백성들에 비해 더 큰 세금 부담을 져야만 하는 상황이었다.

1193년 김사미는 운문사(청도)에서, 효심은 초전(울산)에서 봉기했는데, 많은 농민이 함께 참여하였다. 김사미와 효심은 지방의 관리들이 지역 주민들을 가혹하게 수탈한다는 점을 정부에 알려 이를

명학소 민중 봉기 기념탑(대전)
고려 당시 명학소는 공주였으나, 지금은 대전에 속해 있다.

노비 만적(萬積)의 난

사노비 만적·미조이·연복·소삼·효삼 등 6명이 북산(北山)에서 나무를 하다가 공노비와 사노비를 불러 모아 모의하기를, "나라에서는 경인(1170년)·계사년 이후로 높은 벼슬이 천한 노예에게서 많이 나왔다. **왕후장상(王侯將相)**의 씨가 어찌 따로 있으랴. 시기가 오면 누구나 할 수 있는 것이다. 우리만 어찌 육체를 괴롭히면서 채찍 밑에서 곤욕을 당할 수 있겠는가."하니, 여러 노예가 그렇게 여기었다. 이에 누른 빛깔의 종이 수 천 장을 오려서 정자(丁字)를 만들어 표식으로 삼고 약속하기를, "갑인일에 흥국사에 모여 일제히 북을 치고 소리지르며 구정(毬庭)으로 몰려가 난을 일으켜, 안과 밖에서 서로 호응하여 최충헌 등을 먼저 죽이고, 나아가 각기 그 주인을 쳐서 죽여 천인의 문적을 불살라 삼한에 천인을 없애 버리면, 공경 장상을 모두 우리가 할 수 있을 것이다."하였다.

『고려사절요』권14, 신종 원년 5월

왕후장상 : 공경장상(公卿將相)이라고도 기록되는데, 임금이나 높은 벼슬을 가진 재상과 같이 신분이 높은 사람들이 원래부터 있었냐는 뜻에서 사용한 말이다.

운문사(경북 청도)
김사미의 난의 중심지로 알려져 있다.

바로잡아 달라고 호소했지만, 당시 무신 정권의 지배자들은 이를 들어 주지 않았다. 그리하여 김사미는 무신 정권에 맞서 난을 일으켰지만 결국 이듬해 관군에 의해 진압됐고, 이어 효심도 사로잡히면서 반란은 실패하였다.

최충헌이 무신 정권의 새로운 지배자가 되면서 백성들을 억압하기보다는 회유하는 방식을 쓰면서 봉기는 줄어드는 듯보였다. 그러나 1198년 최충헌의 노비였던 만적은 개경에서 "임금과 귀족, 높은 관리가 될 사람은 처음부터 타고나는 것인가?"라며 노비들을 모아 반란을 일으켰다. 반란의 배경으로는 당시의 정치적 혼란과 아울러 신분 계급에 큰 변화가 일어났기 때문이다. 문신에 비해 형편없던 지위에 있었던 무신들이 정권을 잡자 천인들도 정권을 잡을 수 있다는 생각을 갖게되었다.

그는 노비들이 힘을 합쳐 각자 자신들의 주인들을 해치면 자신들이 권력을 잡을 수 있으리라고 생각했다. 그러나 실제로 행동하기로 한 날에 참여한 노비들은 그리 많지 않아 거사일을 연기했는데, 내부의 밀고자가 생기면서 결국 만적과 이에 가담한 공사 노비들이 강물에 던져져 죽임을 당했다.

고려 정부에서는 이 일에 크게 놀라 각 지역 중에 지방관이 파견되지 않았던 곳에도 감무(지방관)를 설치하게 됐다. 그리고 다른 지역에 비해 더 많은 세금을 내야 했던 지역이었던 일부 부곡이나 소를 없애기도 했다.

백성들의 마음을 다잡기 위한 무신 정권의 노력에도 불구하고 무신정권 시기에 이와 비슷한 형태의 농민봉기가 전국 각지에서 일어났다.

감무
고려와 조선 초기에 군현에 파견된 지방관이다. 1106년(예종 1)부터 현령보다 한층 낮은 지방관인 감무를 파견하였다. 1413년(조선 태종 13)에 감무를 현감으로 개칭하며 사라졌다.

더 알아보기

무신 정권기 신라 부흥 운동

1170년에 무신 정변이 일어나면서 과거 신라 영토였던 경상도 일대에서도 여러 반란이 일어났다.. 곧 경상도에서 일어난 백성들의 반란은 신라 부흥 운동으로 전개됐다. 신라 부흥 운동 중 김사미와 효심의 난(1193년, 운문과 초전 : 지금의 청도와 울산)과 이비와 패좌의 난(1202년, 동경, 지금의 경주)이 가장 대표적이었다.

03

주변의
여러 나라와
관계를 이어가다

윤관 척경입비도(『북관유적도첩』, 고려대학교 박물관)
윤관과 오연총이 함경도 일대의 여진족을 정벌한 후 선춘령에 '고려의 땅'이란 비를 새우고 있는 모습이다. 조선 후기에 그려진 그림이다.

1. 고려, 여러 나라와 교류하다

1) 송과 친선 관계를 유지하다

10세기 들어 중국 동북쪽에 거란이 성장하는 가운데 중국 대륙에서는 조광윤이 5대 10국의 혼란을 수습하고 송을 건국하였다(960년). 송은 거란을 견제하기 위해 위치상으로 거란의 아래쪽에 있었던 고려와 친하게 지내려고 했고, 고려는 송의 선진 문물을 받아들이기 위해 이에 응했다.

고려가 처음 송과 외교 관계를 맺기 시작한 것은 광종 때였다. 고려는 송을 문화 선진국으로 생각하여 사신·학자·승려 등을 보내어 발달한 문물을 적극적으로 받아들였다.

5대 10국
중국에서 당나라가 멸망한 907년부터, 송나라가 중국을 통일하게 되는 979년까지 약 70년에 걸쳐 흥망한 여러 나라를 말한다. 5대는 중원을 중심으로 일어난 5왕조이고, 10국이란 중원 이외의 여러 지방에서 일어난 10개의 국가이다.

청명상하도(1120년경, 고궁박물원) 부분
청명절(춘분을 지나 15일 후인 4월 5, 6일경 되는 날로 교외에서 노닐고 성묘를 하는 명절)에 흥청거리는 도성의 인파를 그린 것이다. 북송 장택단의 그림으로 수도 변경을 흐르는 변하를 사이에 두고 배다리, 성문, 시가 등을 원근법을 이용하여 사진처럼 정확하게 그렸다. 가운데 갓을 쓴 사람이 고려의 관리라는 견해가 있다.

송과의 국교는 거란의 1차 침입 이후 잠깐 중단됐다가 문종 때 다시 이어졌다. 이후 12세기 초 여진족이 금을 건국하자 다시 고려와 송의 관계가 변화했는데, 고려는 북방 민족인 요나라(거란)와 금나라(여진)가 송과 벌인 전쟁에 휘말리는 것을 원하지 않았기 때문이다. 문화 수준에 비해 군사력이 약했던 송나라가 고려를 이용하여 북방 민족들을 억누르고자 하는 것을 알고 있었다. 그럼에도 불구하고 고려와 송은 문화적, 경제적 교류가 가장 활발하게 이루어진 나라였다.

2) 일본과의 관계를 이어가다

고려 시대 일본과의 관계는 정치·경제·외교·군사 등 모든 면에서 다른 시대보다 가장 멀었던 시기였다. 이 시대에 양국 간의 관계가 다른 시대에 비해 소원할 수밖에 없었던 것은 당시의 시대적 상황과 밀접한 관계가 있다.

고려가 세워지던 즈음에 중국은 5대 10국의 혼란을 겪고 있었다. 이러한 혼란기 속에 일본은 중국과의 외교 관계를 맺지 못하였다. 고려 역시 후삼국의 혼란기를 거쳐 통일을 이루기는 했지만 신라 말에서부터 나타났던 사회적 혼란을 아직 해결하지 못하고 있었다.

이처럼 10세기 초는 중국과 고려 모두 혼란을 겪던 때였으므로 고려·중국·일본이 서로 활발한 교류를 하기가 힘들었다. 그래도 고려 전기까지는 무역선이 오가며 일본과 무역이 이루어졌지만 후기에는 왜구들이 대대적으로 고려를 침략해 오면서 일본과의 관계가 개선되지 못했다.

3) 서역과 남방 여러 국가와도 교류하다

서역(아라비아)은 당시 대식국(大食國)이라 불렸는데 당나라 시대부터 남중국의 광주(광동)를 중심으로 무역을 해왔다. 송대에 이르러 송의 해외 무역 장려책에 힘입어 더욱 활발한 무역 활동이 이루어졌다. 서역인들은 송나라 상인들이 고려와 활발히 무역을 벌인 것에 영향을 받아 고려에까지 찾아왔다. 서역 상인은 고려와 지속적인 무역 활동을 행하지는 않았는데, 그 이유는 당시 송나라 상인이 고려와 서역 상인 사이에서 중계 무역을 하고 있었기 때문이다.

향료

식품용이나 화장품용으로 사용되는 향내나는 물건으로 몸에 뿌리는 향수나 음식에 섞어 맛을 내는 향신료(조미료)가 여기에 속한다. 특히 식물성 향료는 동남아시아, 인도, 아랍 등 열대아시아에서 주로 재배되었다.

서역과의 관계는 정치적이나 문화적 교류 같은 것은 보이지 않지만 무역 상인의 규모가 한 번에 100여 명씩 출입한 것을 볼 때 매우 대규모로 인력과 물자가 오갔음을 알 수 있다. 뿐만 아니라 당시 고려는 송나라를 통하여 다른 나라에 매우 부유한 나라, 문물이 발달한 나라로 소개되어 있었으므로 서역 상인들에게는 매우 흥미로운 나라였을 것이다.

고려 시대 남방(남중국 및 동남아시아 지역) 여러 나라와의 관계는 주로 중국을 통한 중계 무역 형태로 이루어졌다. 희귀한 물품이 고려에 수입됐고, 이러한 교류는 이후 조선에 들어서까지 계속되어졌다.

4) '코리아', 세계로 그 이름이 알려지다

고려 때 예성강 어귀의 벽란도는 대외 무역의 발전과 함께 국제 무역항으로 번성했다. 고려의 대외 무역에서 가장 큰 비중을 차지한 것은 송과의 무역이었다. 고려는 서해안의 해로를 통하여 송에서 왕족이나 귀족들이 필요로 하는 물건들을 수입하는 대신 종이·인삼 등 수공업품과 토산물을 수출했다.

서역과의 교류도 활발하여 대식국인이라 불리던 아라비아 상인들도 고려에 들어 와서 수은·향료·산호 등을 팔았다. 바로 이들을 통하여 고려의 이름이 서방 세계에 널리 알려지게 됐다. 우리나라의 이름인 '코리아(Korea)'는 이처럼 고려의 국제 무역항인 벽란도에 다녀간 아라비아 상인들이 고려를 서양 세계에 알린 데에서 유래했다고 한다.

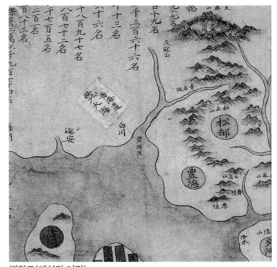

벽란도(예성강 어귀)

신안 해저 인양 유물

1975년 전라남도 신안 앞바다에서 조업 중이던 어부의 그물에 유물이 걸려 올라오면서 해저에 대한 조사가 시작되었다. 조사 결과 침몰선은 14세기 전반 원나라 시대의 중국 무역선으로 추정되었다. 그리하여 모두 아홉 차례에 걸친 탐사와 발굴 결과 22,000여 점의 유물이 인양되었는데, 대개 송·원대 유물들로 청자와 백자, 흑유자기 등의 도자기가 주를 이루었다. 또한, 청동기를 비롯한 금속 제품과 각종 주화와 주형틀, 그리고 동전들도 함께 발견되었다.

침몰선에서 인양된 방대한 양의 물품들은 무역을 목적으로 한 상품이었다. 목제 상자 속에서 발견된 도자기들은 10개 또는 20개씩 물품을 끈으로 묶어서 포장되어 있었다. 완전한 상태로 인양된 상자의 하나에는 남방의 특산품인 후추(胡椒) 열매가 가득 담겨져 있었다. 또한 상자의 바깥에는 소유주를 쉽게 구분할 수 있도록 부호와 번호 등을 먹으로 기입해 놓았다.

침몰선은 원에서 일본으로 향하던 것으로 추정되는데, 출항지는 오늘날 저장성 닝보로 보인다. 배의 침몰 시기는 원나라 화폐인 지원통보의 발견과 함께 1323년이라고 적힌 글씨가 발견된 것으로 보아 1310~1330년대로 추정되고 있다. 현재 목포에 있는 국립해양유물전시관에 침몰선을 포함한 유적들이 전시되어 있다.

인양된 도자기들

후추

침몰선에 물건을 넣어 두었던 상자

침몰선

출토 유물 청자 접시

출토된 동전

2. 거란(요)의 침입을 귀주에서 물리치다

후삼국을 통일한 태조 왕건은 고구려를 잇는다는 뜻을 내세우면서 나라 이름도 '고려'라 했다. 또한 고구려의 수도였던 평양을 '서경'이라 하고, 수도였던 개경에 버금가는 도시로 개발시키고 북쪽 땅을 차지하기 위한 기지로 이용했다.

태조의 북진 정책으로 태조 말에는 건국 초기보다 영토를 확장하여 청천강에서 영흥만까지를 영토로 하였다. 한편 정종은 거란의 침입에 대비하여 예비군인 '광군'을 조직하여 북방의 영토를 지키고자 하였다.

고려는 외교적으로 중국 송나라와는 친하게 지내고, 북쪽의 유목 민족인 거란과 여진과는 싸워서 잃어버린 고구려의 북쪽 땅을 되찾고자 하였다. 특히 고려는 송나라와의 관계를 중요하게 생각했는데, 당시 송나라는 세계에서 경제적으로 풍요로웠고, 문화적으로도 매우 발달한 나라였기 때문이었다. 고려는 송나라와 친하게 지내며 그들의 문화를 들여올 수 있었고, 무역을 통해 이익을 거둘 수 있었다. 한편, 송나라는 고려와의 친밀한 관계를 통해 거란과 여진 같은 북방 민족들이 송나라로 쳐들어오지 못하도록 하였다.

10세기 즈음하여 북방에서는 거란족이 세력을 확장하면서 야율아보기가 흩어져 있던 부족을 통일하고 916년에 거란국을 건국하였다. 이후 나라 이름을 '요(遼)'라 바꾸고(938년) 979년에 중국을 통일한 송나라와의 전쟁을 준비했다. 거란은 송나라를 침략하기에 앞서 그 뒤에서 송나라를 도울 수 있는 고려를 먼저 치고자 했다.

고려는 거란을 적이라고 생각하고 있었다. 왜냐하면 거란이 고구려를 계승한 발해를 멸망시켰기 때문이다. 이러한 이유로 고려 조정은 심지어 거란 임금이 선물로 보내온 낙타 50필을 개경 만부교에 매어 놓고 굶어 죽게 했을 뿐만 아니라 사신조차도 유배시켰다(942년). 이 사건으로 인해 거란과 고려의 외교 관계는 멀어졌다.

고려와 거란과의 관계가 멀어지자 거란은 총 3차례 걸쳐 침략해왔다.

처음에 쳐들어온 장수는 소손녕인데, 그는 무려 80만 대군을 이끌고 침략해 왔다(993년). 그는 "신라 땅에서 일어난 고려가 고구려의 땅을 차지하고 송나라를 섬긴다."라고 비난하였다.

뿐만 아니라 고려의 북쪽 땅 중에 옛 고구려 땅을 내놓고 송과 교류하지 말 것을 요구했다. 이에 고려가 반대하자 거란의 대군이 침입해왔다. 고려의 신하들 중에 일부는 거란의 뜻대로 서경 북쪽의 땅을 내어주고 전쟁을 피하자고 했다.

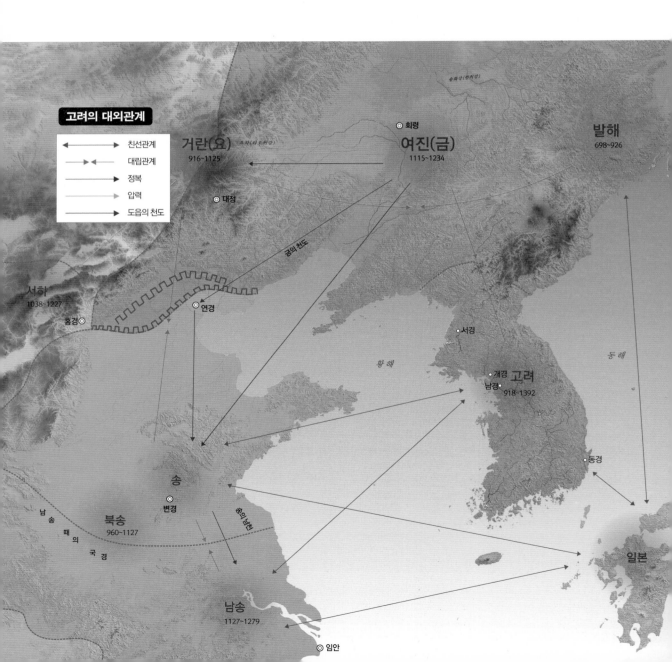

그러나 서희는 항복하자는 것과 다름없는 일부 신하들의 주장에 반대하였다. 그는 적진으로 가 소손녕과 마주 앉아 이야기했다. 그는 "고려는 고구려를 계승한 나라로 압록강 안팎이 고려의 영토이니, 만약 여진을 내쫓고 우리의 옛 땅을 되찾게 해주면 당신네 나라와 국교를 맺고 교류할 것이오."라고 주장했다.

고려와 송나라와의 친밀한 관계를 끊고 송을 침략할 계획을 가졌던 거란은 서희의 요구를 받아들이고 군대를 되돌렸다. 서희는 창과 활의 무기 대신 '3치의 혀'로 거란을 물리친 것이다. 서희의 외교 담판으로 고려는 오히려 압록강 동쪽 6개의 고을(강동 6주)을 차지하게 되어 영토를 압록강까지 넓혔다.

고려는 이후로도 송과의 외교 관계를 끊지 않고 계속 교류했다. 이에 거란은 고려가 약속을 지키지 않는다는 이유를 들어 다시 고려를 침략할 기회를 엿보고 있었다. 이 시기의 고려 임금은 목종이었다. 목종 12년에 북쪽의 국경 지역을 지키던 강조라는 신하가 반란을 일으켜 목종을 쫓아내고 새로운 임금으로 현종을 즉위시켰다. 곧 목종의 어머니인 천추태후와 김치양이 왕위를 빼앗으려고 하자 강조가 이들을 제거하고

서희 동상(경기 이천)
뛰어난 외교관으로 거란이 세운 요나라의 침략을 전쟁 없이 물리쳤다.

강민첨(963~1021년) 초상
1018년 소배압이 쳐들어 오자 강감찬의 부장으로 출전하여 흥화진에서 적을 대파하였다.

강동 6주
흥화진, 용주, 철주, 통주, 귀주, 곽주

목종을 폐위하였는데 이 사건을 '강조의 변'이라고 한다. 고려가 자신들과의 협상 내용을 지키지 않는 채 강동 6주만을 차지한 데 불만을 품었던 거란의 성종은 때마침 '강조의 변'이 일어나자 강조에게 책임을 묻겠다는 구실로 고려를 침입했다(1010년). 이것이 거란의 2차 침입이다.

거란의 2차 침입 때는 거란의 왕인 성종이 직접 40만 대군을 이끌고 침략하여 지휘관인 강조를 잡아 처형하고 수도인 개경을 함락시켰다. 이에 현종은 나주까지 피란갔고, 거란과 화친을 맺어 거란군은 돌아가게 했다.

그러나 이후에도 현종은 거란과의 관계를 개선하지 않고 않고 오히려 침입에 대비하였다. 이에 현종 9년(1018년) 소배압이 10만 병력을 이끌고 다시 고려에 쳐들어왔다. 이것이 거란의 3차 침입이다. 거란군은 고려의 저항을 받으면서 개경 근처에 이르렀으나 고려의 방비가 철통 같음을 알고 철수하기 시작했다. 철수하는 과정에서 강감찬이 지휘하는 고려군은 귀주(지금의 평북 구성)에서 적군을 거의 전멸시키는 큰 승리를 거두었다. 이때 거란의 10만 군사 중에 살아 돌아간 자는 수천 명뿐이었다고 하는데, 이 전투가 바로 '귀주대첩'이다.

강감찬과 말을 탄 동상(서울 관악)
강감찬이 태어났다고 전하는 낙성대에 있다.

참 한국사 이야기

고려는 3차례에 걸친 거란의 침입을 막아낸 뒤 국경 방어에 더욱 힘을 쏟았다. 거란 또한 더 이상 고려와 전쟁을 치르는 게 힘들다고 생각하여 이후 두 나라는 평화적인 관계가 유지되었다.

천리장성(평안북도 운산, 『조선고적도보』)

그러나 고려는 방심하지 않고 다시 있을 지도 모르는 전쟁을 준비했다. 이에 현종은 강감찬의 건의를 받아들여 개경 둘레에 나성(외성)을 쌓기 시작했다. 또한 국경 근처에 원래 있던 성들을 수리하면서 그 사이 사이에 새로운 성들을 만들어 긴 성벽을 쌓아갔다. 이를 천리장성이라고 했다.

천리장성
장성 축조는 덕종 2년(1033)부터 본격적으로 시작되어 12년 만인 정종 10년(1044)에 완성됐다. 이 장성은 압록강 어귀에서 동해안의 도련포까지 이르는 석성이었다.

거란의 침입과 강동 6주

여진

요(거란)
916~1125

양규 홍화진, 귀주 승리
(1010~1011)

강감찬 귀주 대첩(1019)

거란의 1차 침입(993)

천리장성 축조(1033~1044)

홍화진
용주
안의진
귀주
철주
통주
안북부
곽주
안용진
도련포

강동 6주

서희 외교 담판(993)

거란의 3차 침입(1018~1019)

숙주

서경

고려

신은한(신계)

황해

동해

개경

나성 축조(1029 완성)

거란의 2차 침입(1010~1011)

3. 여진(금)을 몰아내고 9성을 쌓다

고려의 동북 지역에는 여진(오늘날의 만주족)이 부족 단위로 흩어져 살고 있었다. 그들은 우리 민족과 일찍부터 이웃하여 살아온 민족으로 원래 고려를 '부모의 나라'라 하여 말과 화살 등을 바쳤고, 고려는 식량 등 생활 필수품을 주어 경제적으로 도와주고 있었다.

거란의 세력이 약화되는 과정에서 점차 강성해지던, 여진은 12세기 초 고려의 천리장성 부

사자빈신사지 석탑(충북 제천)
사자빈신사의 터에 세워져 있는 고려 시대의 석탑으로, 상 하 2단으로 된 기단 위에 4층의 지붕돌을 얹은 모습을 하고 있다. 조성 연대와 건립 목적이 뚜렷한 탑으로 명문을 통해 현종 13년 (1022)에 제작됐음을 알 수 있다. 왕의 장수와 국가의 안녕, 불법으로 거란족을 영원히 물리칠 수 있는 목적으로 세워졌다.

〈명문〉
불제자(佛弟子) 고려국 중주(中州) 월악산 사자빈신사의 동량(棟梁)은 삼가 받듭니다. 대대로 성왕(聖王)께서 항상 만세를 누리시고, 천하가 태평해지고, 법륜(法輪)이 항시 전(傳)해져서, 이 지역 저 지방에서 영원히 원적(怨敵 거란)이 소멸된 이후 우연히 사바(娑婆) 세계에 태어나서, 이미 화장미생(花藏迷生)을 잊았으니, 곧 정각(正覺)을 깨우칩니다. 삼가 공손히 9층 석탑 1좌(坐)를 조성하여 영원토록 공양하고자 합니다.
태평 2년(1022, 현종 13, 태평은 요 성종의 연호) 4월 일에 삼가 기록합니다.

흥국사 석탑(개성)
흥국사 석탑은 강감찬이 거란과 국교를 맺은 2년 후인 현종 12년(1021) 건립한 탑으로 석탑의 기단에 명문이 있는데, 강감찬의 나라를 사랑하는 마음이 깃들어 있다. 거란과 교류를 했음에도 송나라 연호를 사용하고 있다. 그 내용은 "보살계제자(菩薩戒弟子)인 평장사 강감찬은 삼가 받들어 우리나라가 영원히 태평하며 먼 곳과 가까운 곳이 항상 평안토록 하기 위하여 공손히 이 탑을 조성하여 영원토록 공양하고자 한다. 이 때는 천희 5년(1021, 현종 12) 5월 일이다" 라고 적혀 있다.

근까지 내려와 고려의 국경을 위협했다. 당시 벌어진 충돌에서 고려군은 말을 탄 기병 중심의 여진을 보병만으로는 상대하기 어려웠고, 결국 정주 근처에서 패배하였다.

이에 숙종은 윤관의 건의를 받아들여 신기군(기병 부대), 신보군(보병 부대), 항마군(승려 부대)으로 구성된 별무반을 조직했다. 이어 예종은 윤관을 원수로 삼아 17만 명의 별무반을 이끌고 여진을 정벌하도록 했다. 그 결과 윤관은 여진을 소탕하고 국경 바깥의 여진 지역을 장악하고 있던 곳에 9개의 성(동북 9성)을 설치한 후 이듬해 귀국했다.

여진은 9성을 되돌려 달라는 조건으로 화친을 요구했다. 이에 고려는 9성을 지키기 어렵다는 점을 생각하여 1년 만에 이 지역을 다시 돌려주고 주둔했던 군사와 주민들을 철수시켰다(1109년).

이후 여진은 아골타(阿骨打)라는 인물이 등장하여 여러 부족을 통합한 후에 더욱 세력을 키워 금(金)를 건국했다(1115년). 예종 12년(1117) 금은 건국한 지 2년 만에 고려에 사신을 보내 형제 관계를 맺고 화친을 제의해 왔으나 고려는 이에 응하지 않았다.

8년 후 인종 3년(1125)에 여진은 거란이 세운 요나라를 멸망시키고 송나라까지 공격하여 수도를 함락시켰다. 이에 금나라는 고려에게 신하의 나라가 될 것을 요구했다. 대부분의 신하는 이 제안에 반대했으나, 당시 권력을 장악하고 있던 문벌 귀족들은 그의 제안을 받아들이자고 하였다. 여진과 전쟁을 하다 질 경우 자신들의 권력을 잃을까 걱정했던 것이다. 이후 금나라와의 전쟁은 피할 수 있었지만, 고려 건국 초기부터 계속됐던 북진 정책은 중단될 수밖에 없었다.

오갑사지 석조 여래 좌상(충북 충주)
이 불상이 있는 곳에서 금나라 연호인 '명창 3년 임자'와 '오갑사'라는 명문이 새겨진 기와가 출토되어 당시 금과의 관계를 알려준다.

04

몽골에 맞서
싸우다

대몽 항쟁 전승 기념탑(충북 충주)
1253년 침입한 몽골군에 대항하여 70여 일 간의
충주 산성 전투에서 승리한 김윤후와 지역민들의
호국 정신을 기리기 위해 건립했다.

1. 몽골, 13세기 초 강력한 나라로 떠오르다

13세기 초엽에 이르러 동아시아의 정세는 파란이 일기 시작했다. 요·금의 지배를 받던 몽골족의 세력이 강해져 칭기즈칸(본명 테무친)을 중심으로 몽골 부족이 통일되고, 1206년에 마침내 몽골 제국을 건설했다. 당시 중국 대륙의 남부에는 남송이 자리 잡고, 북부인 만주 지방은 금나라가 지배하고 있었으며, 몽골의 서쪽에는 탕구트족의 서하가 있었다.

칭기즈칸

칭기즈칸(1162년~1227년)은 먼저 서하를 굴복시킨 후, 금의 지배하에 있던 거란을 공격했다. 형세가 불리해진 거란은 몽골군에 쫓겨 압록강을 건너 고려의 영내로 들어와 평양 북쪽의 강동성에 자리 잡았다.

한편, 몽골군은 동만주에 있던 동진국을 정벌하고 고려 내에 들어와 있는 거란족을 토벌하기 위해 고려의 강동성으로 향했다. 칭기즈칸의 대륙 정벌에 고려도 마침내 휘말려 들어가게 된 것이다.

서하(西夏)
11~13세기 중국 서북부의 오르도스와 간쑤 지역에서 세운 나라로 본래 대하이지만 송나라가 서하로 불렀다. 1227년 몽골에 멸망하였다.

동진국
금나라의 장수 포선만노가 세운 나라로 원래 대진이었으나 두만강 유역으로 옮기면서 동진국이 됐다. 후에 고려와 몽골에 의해 멸망했다.

칭기즈칸의 유라시아 원정 모형(경기 남양주 몽골문화촌)

2. 고려가 몽골의 침입에 맞서다

1219년 강동성 안의 거란족을 함락시킨 몽골은 그 대가로 고려에게 지나친 공물을 요구했다. 이로 인해 두 나라 관계가 벌어지기 시작했다. 그러던 가운데 고려에 왔다가 돌아가던 몽골 사신이 살해된 저고여 피살 사건이 발생했고(1225년), 이것이 빌미가 되어 고려는 몽골과 40여 년 동안 전쟁을 치렀다.

몽골의 1차 침입(1231년)은 칭기즈칸이 신임하던 장수 살리타이가 주도했다. 몽골군이 의주를 점령했으나 박서가 맞서 잘 싸웠던 덕분에 귀주성을 지켜낼 수 있었다. 귀주 함락을 포기한 살리타이는 그대로 군대를 이끌고 남하하여 개경을 포위했고, 일부 부대는 계속 남쪽으로 내려가 충주성을 공격했다.

충주성은 몽골군이 3남(충청·전라·경상도) 지역으로 진출하기 위해 반드시 차지해야 했던 곳이었다. 몽골군이 충주성으로 쳐들어오자 전투에서 병사들을 지휘해야 할 장수들은 먼저 도망 가 버렸다. 이때 노비와 일반 백성들로 이루어진 병사들과 심지어 초적까지 끝까지 남아 몽골군에 맞

저고여 피살 사건
1225년(고종 12) 몽골의 사신 저고여가 고려에 왔다가 본국으로 돌아가던 도중 죽임을 당한 사건이다. 고려는 이 사건을 금나라 도둑의 소행이라 주장했으나 몽골은 국교를 끊고 뒷날 고려 침입의 구실로 삼았다.

충주 관아 청녕헌(충북 충주)
고려 충렬왕 때 충주성을 개축하였던 기록으로 보아 조선 시대 충주 목사가 행정 업무를 하던 곳으로 고려 때에도 있었다. 아마 충주성 전투가 있었던 곳이 아닌가 한다.

서 싸웠고 마침내 몽골군을 격퇴하는 데 성공했다.

충주성에서의 승리에도 불구하고 개경이 함락될 위기에 처하자 최씨 정권은 전쟁을 멈추고 화친하자고 몽골에 청했다. 이에 몽골은 인질과 자신들이 요구하는 공물을 바칠 것과 다루가치의 설치를 요구하고 철수했다.

몽골과의 전쟁이 끝난 얼마 후 다루가치들은 고려 정부에 대해 매우 오만한 태도를 보였다. 그와 함께 전쟁으로 인해 많은 피해를 입은 고려가 감당하기 어려울 정도의 많은 물자를 몽골로 보내라고 요구해왔다. 이에 고려 정부는 몽골의 무리한 요구를 들어줄 바에야 그에 대항하여 끝까지 싸우기로 결정했다.

당시 고려의 최고 권력자인 최우는 몽골군이 육지에서는 강했으나 바다에서는 싸워본 적이 없다는 점을 이용하여 수도를 개경에서 강화로 옮겼다(1232년). 또한 최우는 육지에 남은 백성들에게는 산성이나 섬으로 들어가 자신이 맡은 지역을 스스로 지키라 명령했다. 이후 1270년 개경으로 다시 환도할 때까지 강화도는 39년 간 고려의 수도가 되었다.

몽골은 고려의 이러한 태도에 반발하여 다시 고려를 침략했다. 이것

다루가치(達魯花赤)
우두머리라는 뜻의 몽골말로 식민지를 통치하기 위해 두었던 관리이다.

강화산성 문(인천 강화)
고려가 몽골의 침입에 대비하기 위해 쌓은 성의 문이다.

고려 궁지(인천 강화)
1232년(고종 19) 몽골군의 침입에 대항하기 위하여 왕도를 강화로 옮긴 후 1270년(원종 11) 화의를 맺고 개성으로 환도할 때까지 39년 동안의 왕궁터이다.

살리타이(撒禮塔, ?~1232년)의 사살

종래 대개의 개설서에는 살리타이가 김윤후가 쏜 화살에 맞아 죽었다고 한다. 그러나 당시의 자료를 살펴보면 살리타이는 전쟁 중 누가 쏜 지 모르는 '흐르는 화살'에 맞아 죽은 것이다.

이 몽골의 2차 침입(1232년)이다. 2차 침입의 총사령관도 살리타이였으나 그는 처인성(용인) 전투에서 화살에 맞아 죽고 말았다. 총사령관을 잃은 몽골군은 퇴각할 수밖에 없었다.

처인성은 부곡민이 살던 지역으로 다른 지역에 비해 세금 등을 많이 내던 차별 받던 마을이었다. 하지만 몽골군의 공격에 맞서 이들은 완강하게 저항했다. 처인성 전투에서 고려의 군 지휘관들과 일반 백성, 심지어는 산적이나 노비들까지도 혼연일체가 되어 항전하였다. 이에 몽골군은 고려에서 오랫동안 싸워야 했으며 의도했던 것과는 달리 고려로부터 쉽게 항복을 받아내지 못했다.

처인성 승첩기념비와 처인성 벽(경기 용인)

죽주산성(경기 안성)

통일신라 시대 처음 축성된 것으로 알려진 곳이다. 고려 시대에 크게 중수했다. 고종 23년(1236) 몽골군의 3차 침입 당시에는 방호별감 송문주가 성 안에 피난해 있던 백성들과 합세, 몽골군과 싸워 이긴 전적지이다.

이후 몽골은 1235년 다시 고려를 침략했는데, 이것이 몽골의 3차 침입이다. 3차 침입은 지난 패배에 대해 복수하기 위한 침략으로, 무려 6년이라는 긴 시간에 걸쳐서 이루어졌다.

탕고를 사령관으로 한 몽골군은 2차 침입 때까지와는 다르게 고려와 강화하자는 시도조차 하지 않았다. 경상도와 전라도까지 침공한 몽골군은 고려 전 국토를 휩쓸며 많은 백성을 죽이고, 재물을 약탈했다. 이 때 황룡사와 황룡사 구층 목탑 등 많은 문화재가 불타 없어졌다. 이에 맞선 고려군은 개주·온수(온양)·죽주(안성)·대흥(예산) 등지에서 몽골군의 공격을 막아내는데 성공했다. 또한 강화도에 있던 고려 정부에서는 부처님의 힘을 빌어 몽골군을 물리치고자 1236년에 팔만대장경 조성 사업을 시작했다. 이는 난국을 이겨내려 한 시도였다.

몽골군에게 결정적인 타격을 입히지 못한 채 전쟁이 길어지게 되자 고려의 국토는 황폐화됐고, 백성들은 극심한 피해를 입게 되었다. 이에 고려는 몽골군에게 고려 국왕이 직접 몽골 황제를 만나 예의를 갖추고

탕고(唐古)
당구·당고라고도 한다. 1차 침입 때 살리타이 휘하에 있던 장수로 개경을 포위했던 3원수 중 한 명이다. 황룡사 구층 목탑을 불태운 장본인이다.

팔만대장경 조성 사업
1236년에 시작하여 16년 간의 대역사 끝에 1251년 완성되었다. 이후 1398년 현재의 장소인 해인사로 옮겨져 지금까지 보관되고 있다.

더 알아보기

김윤후

김윤후는 고종 때 사람으로서 일찍이 승려가 되어 백현원에 살았는데 몽골군이 쳐들어오자 처인성(용인)으로 피란가 있다가 몽골 원수 살리타이가 와서 성을 공격하자 그를 활로 쏘아 죽였다. 왕이 그의 공을 기특히 여겨 상장군의 벼슬을 내렸더니 김윤후는 그 공을 다른 사람에게 돌리며 전투할 때 나는 활이나 화살을 가지고 있지 않았는데 어찌 함부로 상을 받겠는가 하고 끝까지 사양하자 섭랑장으로 바꿔 임명했다.

뒤에 충주산성 방호별감 김윤후는 충주산성을 지키는 장군으로 임명됐다. 이때 몽골군이 침입하여 성을 70여 일 동안 포위 공격하자 비축해 둔 군량이 바닥이 났다. 김윤후가 병사들을 격려하여 말하기를 "누구든지 힘을 다 바쳐 싸우는 사람이라면 신분의 차별이 없이 모두 벼슬을 주겠다. 너희는 나를 믿어라!"라 하고, 관노비 문서를 불태우고 전쟁 중에 얻은 소와 말을 나누어 주었다. 그리하여 사람들이 모두 죽음을 무릅쓰고 적을 공격했으므로 몽골군의 기세가 꺾여 더 이상 남쪽으로 향하지 못했다. 이런 공으로 김윤후는 감문위 상장군으로 임명되었고, 함께 싸운 사람들은 관노비·백정에 이르기까지 모두 관직에 임명되었고, 관직을 차등있게 나누어 주었다.

『고려사』 권104 열전 17 김윤후

강화도를 나와 개경으로 돌아오는 것을 조건으로 고려의 요구를 받아들였고, 다음해 철수했다. 그러나 고려는 당시 임금이었던 고종 대신 왕족을 왕의 동생이라 하여 거짓으로 몽골로 보내었다.

이후 몽골은 1247년 침입에 이어 1253년에 5차 침입을 벌였다. 2차 침입 때 몽골군을 물리친 김윤후는 이번에도 충주성에서 백성들과 함께 70여 일 간 성을 지켜냄으로써 몽골군의 남진을 저지하였다. 이 전투에서 김윤후는 신분의 귀천을 막론하고 벼슬과 상을 모두에게 준다고 하고, 이어 노비 문서마저 불태움으로써 천민들까지도 목숨을 걸고 싸우도록 이끌어 승리하였다.

1254년 몽골은 또 다시 사신을 보내와 이번에는 최항을 비롯한 고려

정부가 완전히 개경으로 환도할 것을 요구했다. 이와 동시에 자랄타이 (車羅大)가 이끄는 몽골군이 고려에 침입하여 전 국토를 파괴했다. 고려의 피해는 실로 막대했다. 당시 한해 동안 몽골군에게 포로로 끌려간 사람이 20여 만 명에 달했고, 살육된 사람은 이루 헤아릴 수 없었으며, 몽골군이 거치고 지나간 마을은 모두 잿더미가 되었다.

환도
수도로 돌아오는 것이다.

고종 45년(1258)에 강화도에서 최씨 정권의 마지막 지배자였던 최의가 김준 등에게 살해당하는 사건이 일어났다. 그리하여 오랫동안 고려를 다스렸던 최씨 정권이 무너지고 말았다. 그러자 몽골과의 화의 교섭이 다시 빠르게 진행될 수 있었지만 최의의 뒤를 이어 권력을 잡았던 김준은 개경으로 돌아가는 것에 대해 반대하는 입장이었다.

1268년에 몽골은 사신을 보내와 개경으로 빨리 돌아갈 것을 강력하게 요구했다. 그러자 무신 정권 안에서는 몽골 사신을 죽이고 도읍을 제주도로 옮겨 몽골과 다시 한번 겨루어 보자는 의견이 나오기도 했다. 그러나 국왕과 문신들은 이러한 무신들의 생각에 반발했다.

전쟁을 그만 하자는 국왕과 문신들, 그리고 전쟁을 계속하자는 무신들 사이에서 갈등이 계속되자 무신 중에 한 명이었던 임연은 당시의 지배자 김준을 제거하고 원종을 폐위시키며 무신 정권을 재건하려 했다. 그러나 임연의 이러한 행동은 전쟁에 지친 고려 사람들에게 지지를 받지 못했고, 몽골 역시 원종을 다시 왕위에 올리라고 압박을 가했다. 결국 임연이 이에 굴복함으로써 왕에서 물러났던 원종이 다시 임금이 됐다.

이후 임연의 뒤를 이은 임유무(임연의 아들)는 각지에 야별초를 보내 주민들을 다시 산성과 섬에 들어가게 하여 몽골에 대항하려 했다. 그러나 그가 죽임을 당함으로써 무신 정권은 막을 내리게 되고, 곧 강화도에서 개경으로의 환도가 실행됐다. 이 과정에서 몽골은 고려의 내부 정치에 간섭하지 않겠다는 약속을 깨고 다시 다루가치를 보내어 정치에 간섭했으며, 군대까지 고려에 주둔하도록 했다.

3. 삼별초, 끝까지 대몽 항쟁을 펼치다

배중손 동상(전남 진도)
삼별초의 지휘관으로 강화도에서 진도로 내려가 몽골군과 고려군의 공격에 맞섰다.

용장성
1270년(원종 11)부터 1273년까지 대몽 항쟁의 근거지였다. 성의 둘레가 13km에 이르는 커다란 산성으로 성안에는 건물터와 우물 등이 남아 있다

고려 정부가 개경으로 다시 돌아오고, 몽골과 강화를 맺자 몽골은 고려를 완전 복속하겠다는 처음의 계획을 포기하고, 고려 임금이 고려를 다스릴 수 있도록 해주는 선에서 전쟁을 마무리지었다. 이것은 고려의 끈질긴 저항이 안겨준 결과였다. 하지만 고려 정부가 몽골에 항복했음에도 불구하고, 무신 정권 아래서 활약했던 삼별초는 몽골에 대한 항전을 계속했다.

삼별초의 항전을 이끈 사람은 배중손이었다. 그는 강화도에서 멀리 진도로 내려가 고려 정부에서 보낸 군대와 몽골 군대에 맞서 싸웠다. 전쟁을 그만하라는 임금의 명령을 거역한 삼별초는 고려 정부에게도 반란군이나 마찬가지였다.

삼별초는 진도에 용장성을 쌓고 궁궐과 관청을 지었으며 왕족 중에서 새 국왕을 세우기도 했다. 삼별초가 항쟁하는 동안 진도 부근의 섬들과 남해안의 백성들 가운데 일부는 전쟁 물자를 제공하며 이들을 지원했다. 삼별초는 세력을 키워가며 진도에서 3년 동안 싸웠으나 결국 고려와 몽골의 연합군에 패하였다.

그후 일부는 다시 김통정을 중심으로 제주도 항파두리에 성을 쌓고

더 알아보기

삼별초(三別抄)

원종 11년 5월에 삼별초를 해산시켰다. 이전에 최우가 국내에 도적이 많음을 근심하여 용사들을 모아서 밤마다 순행시켜 폭행을 금지하였는데 이것을 '야별초'라 불렀다. 그 후에 도적이 각 도에서 일어나자 별초군을 각지에 나누어 보내 이를 잡게 하였는데 이 별초군의 수가 매우 많아져서 나중에는 좌·우 별초로 나누게 되었다. 또 고려 사람으로서 몽골에서 도망해 돌아온 사람들을 모아 한 개 부대를 조직하여 신의군이라 하였는데 이것을 삼별초라고 하였다. …… 김준이 최의를 죽인 것과 임연이 김준을 죽인 것이거나 (송) 송례(宋松禮)가 임유무를 죽인 것들이 모두 이 삼별초의 힘을 빌려서 한 것이다. 그런데 왕이 옛 서울에 도읍을 다시 옮기게 되자 삼별초가 도리어 딴 마음을 품고 있으므로 그것을 해산시켰다.

『고려사』권81, 「지」35, 삼별초

항쟁을 계속했지만 몽골군과 김방경이 이끄는 고려 토벌군에 의해 최후를 맞이하였다(1273년).

4. 몽골과의 항쟁이 남긴 상처

삼별초 항쟁이 실패로 돌아가면서 몽골에 맞서 싸우려는 세력은 완전히 없어졌다. 또한 고려의 지배층 중에 많은 사람이 몽골에 의지하여 자신의 권력을 지키려고 했다. 그 결과, 고려는 원나라의 간섭을 받으면서 자주성을 크게 침해당하게 됐다.

몽골과의 전쟁에서 가장 치열하게 싸웠던 건 당시 최씨 무신 정권이 아니라 각지의 농민, 향·소·부곡민, 노비·천민들이었다. 방어가 유리한 강화도로 들어간 후 최씨 정권은 정권 유지에 급급하여 강화도를 방어하는 데만 신경 썼다. 그들은 강화도에서 개경 시절과 다름없는 사치를 누리면서 전쟁에 필요한 물자와 자신들이 누리는 데 쓸 물자

김방경(1212년~1300년)
고려 시대 장수로 삼별초의 난을 평정하였다. 고려와 원나라가 일본을 정벌할 때도 참전하였다.

용장성(전남 진도)
1270년(원종 11)부터 1273년까지 대몽항쟁의 근거지였다. 삼별초는 강화도를 출발하여 전라도 서남해안의 진도를 새로운 거점으로 정하고 반몽골 항전을 지속했다.

항파두리성(제주)

항파두리 · 항바두리라고도 한다. 진도의 싸움에서 패한 삼별초는 1271년(원종 12) 5월, 김통정의 영도 아래 제주도에 들어와 이곳에 내외 이중으로 된 성을 쌓았다. 김통정은 이 항파두리성 외에도 명월과 애월에는 나무로 만든 성을 축조하고, 군항 시설을 갖추었으며, 적의 상륙이 예상되는 해안 300리에는 이른바 환해장성을 쌓기도 했다. 삼별초는 이 항파두리성을 본거로 내륙지방에 대한 공격을 개시하여 몇 차례 승리했으나, 1273년 여 · 원 연합군에 대패하여 많은 수가 전사하고 일부는 일본 등 해외로 망명했다고 전해진다. 1976년 9월 항파두리 항몽유적지라는 이름으로 지정했고 1978년 유적지 정화 사업을 벌여 항몽 순의비를 비롯한 관리사 · 전시관 등을 두었다.

남도 석성(전남 진도)

원종 때 배중손이 대몽 항쟁의 근거지로 삼기 위해 쌓은 성이라 전해진다. 지금의 성은 조선 시대에 만들어졌다.

를 백성들에게서 거두어들였다.

　결국 몽골과의 전쟁에서 가장 큰 피해를 입은 것은 백성들이었다. 장기간에 걸친 세계 최강의 몽골군과의 전쟁으로 국토는 유린되고 황폐화됐다. 또, 큰 피해를 입은 것 가운데 하나는 문화재였다. 대구 부인사에 보관하고 있던 『초조대장경』의 판목과 경주의 황룡사 구층 목탑 등이 몽골군에 의해 불타고 말았다.

　부인사의 『초조대장경』은 거란족 침입이 시작되자 부처님의 힘을 빌려 거란을 물리치고자 1011년부터 1087년까지 완성된 6천여 권의 경판이다. 그런데 몽골군 2차 침입(1232년)으로 불에 타서 없어지고 말았다. 그래서 최씨 정권은 다시 한번 민심을 모으고 부처의 힘으로 몽골군을 물리치고자 대장도감이란 임시기구를 만들어 강화도에서 『팔만대장경』을 만들기 시작했다. 재조대장경이라고도 불리는 팔만대장경은 고려 고종 때인 1236년에 시작하여 16년만인 1251년에 완성되었다.

대구 부인사(대구 동구)
고려 현종 때부터 선종 때에 이르기까지 여기에 도감을 설치하고 초조대장경을 만들었다.

05 원의 간섭과 반원 자주정책을 펼치다

공민왕릉 벽화(개성)
공민왕릉에 그려진 신하들의 모습이다.

공민왕과 노국대장공주

공민왕과 노국공주 릉(개성)
능의 형태는 쌍릉 형식으로 서쪽에는 공민왕의 현릉이, 동쪽에는 노국공주(왕비)의 정릉이 있다.

1. 원나라의 간섭이 점차 심해지다

1) 원나라의 간섭으로 자주권을 잃게 되다

1270년 무신 정권이 몰락하고 몽골(원)에 항복한 이후 고려는 원의 간섭을 받았다. 원은 고려의 왕실과 영토를 인정하면서도, 고려에 대해 그들의 영향력을 확대하고자 했다.

원은 고려의 영토 중에 일부를 빼앗았다. 원은 고려 동북면에 쌍성총관부를 서북면에 동녕부를 각각 설치하여 직접 다스렸다. 그리고 삼별초의 항쟁이 끝난 후에는 제주도에 탐라총관부를 설치하여 몽골 관리를 두고 다스렸다.

이외에도 원은 만호부를 설치하여 고려의 군대가 움직이는 것을 감시했고, 다루가치라는 감찰관을 파견하여 끊임없이 고려의 정치에 간섭했다. 또한 원은 만주 지역인 심양과 요양에 전쟁을 피해 도망쳐 온 고려인들을 지배하기 위하여 심양로를 설치하고 고려의 왕족을 심양왕(심왕)으로 삼았다. 심양왕은 원나라 황제로부터 받은 봉작으로 충선왕이 원에 있을 적에 원의 무종이 왕위에 오르는데 기여한 댓가로 심양을 포함한 요동·요양·압록강 지

원나라
칭기즈칸의 손자인 쿠빌라이칸이 1271년 국호를 대원이라 라고 원나라를 건립하였다. 원은 1279년에 남송을 정복하였다.

동북면
고려 정종 때 동계라 했다가 문종 때 동북면으로 바꾸었다. 오늘날의 함경도 남부 지역이다.

서북면
동계와 더불어 양계를 이루며 숙종 때 북계를 서북면으로 고쳤다. 오늘날 평안도 지역을 말한다.

칭기즈칸 동상(몽골 울란바타르)

몽골초원과 게르(몽골)

역을 다스리는 통치권을 받은 것에서 유래했다. 그러나 충선왕이 고려의 왕위에 오른 후 왕고가 심왕이 되기도 하였다.

원나라가 심양왕을 세운 이유는 심양왕과 고려왕을 서로 대립시켜 원나라의 고려에 대한 영향력을 더욱 크게 하려는 속셈이었다. 실제로도 심왕이 된 고려의 두 왕족은 고려의 왕위를 노려 군대를 동원하기도 했었다.

한편 고려 국왕은 원의 공주와 혼인을 하여 원 황제의 부마(사위)가 되어야 했다. 이들 사이에서 태어난 왕자는 원에 보내져 거기서 교육을 받고 귀국하여 왕이 됐다. 고려는 원나라의 부마국이 되어 왕실 용어나 왕의 명칭 및 각종 제도 등이 황제의 아래에 있는 제후국 수준으로 낮춰졌다. 이처럼 원은 국왕을 자기들의 통제 아래에 두고 그를 통해 고려를 자신들의 뜻대로 하려고 했다.

부마국
사위의 나라라는 뜻으로, 원 간섭기에 고려를 이르던 말이다.

더 알아보기

고려와 몽골(원)의 문화 교류 자취

소줏고리
증류의 원리를 이용하여 소주를 만들 때 쓰는 그릇이다.

은장도
몽골풍이 우리나라에 남긴 옷고름에 차는 작은 칼인 장도이다. 이외에도 연지와 곤지, 소줏고리, 태평소, 족두리 등이 있었다.

태평소(좌), 족두리(우)
태평소는 중동 지역의 관악기가 원나라를 거쳐 고려로 전해진 것으로 알려져 있다. 또한 족두리는 몽골에서 여성들이 외출 시 쓰던 모자가 전해진 것으로 추측된다

고려의 정부 기구의 이름도 제후국 수준으로 바뀌게 됐다. 도병마사가 도평의사사로 바뀌었고, 2성이 첨의부로, 6부가 4사로 개편됐다. 또 임금의 묘호에 '조(祖)'나 '종(宗)' 대신 원에서 내려준 시호를 써서 '충○왕(忠○王)'을 사용하여 원에 대한 충성심을 나타내야만 했다. 이어 임금이 자기 스스로를 부르는 말이었던 짐(朕)을 고(孤)로 바꾸었고, 임금과 왕태자를 부르는 이름도 폐하를 전하로, 태자를 세자로 각각 낮추어서 부르도록 했다.

원 간섭 전후의 관제 변화

이전		이후	
2성		첨의부	
6부	이부	4사	전리사
	예부		
	호부		판도사
	병부		군부사
	형부		전부사
	공부		폐지
중추원		밀직사	
어사대		감찰사	
국자감		국학(성균관으로 변경)	

2) 몽골과 고려가 서로 문화를 주고 받다

원과 강화를 맺은 이후 두 나라 사이에는 자연히 사람과 물자의 왕래가 많아졌고, 문물 교류가 활발해졌다. 고려는 80여 년 동안 원나라의 간섭을 받으면서 '몽골풍'이 유행하여 변발, 몽골식 복장, 몽골어가 궁중과 지배층을 중심으로 널리 퍼졌다. 특히 이때 몽골에서 들어온 족두리, 연지와 은장도 등은 지금까지도 우리나라에 그대로 남아 있다.

고려 사람들이 몽골에 건너간 수도 적지 않았다. 이들은 대부분 전쟁 포로로 잡혀갔거나 몽골의 강요에 따라 어쩔 수 없이 끌려간 사람들이었다. 이들에 의하여 고려의 의복·그릇·음식 등의 풍습이 몽골에 전해졌는데, 이를 '고려양'이라 한다.

원나라의 여러 요구 중에서 공녀는 고려에 심각한 사회 문제를 가져왔다. 충렬왕 1년(1275) 10인을 보낸 것을 시작으로 공민왕 초기까지 수많은 여자가 원나라로 보내졌다.

수령옹주 묘지명(국립중앙박물관)
딸을 공녀로 바친 왕족 부인인 수령옹주의 묘지명이다.

공녀(貢女)
고려와 조선 초기에 원나라와 명나라의 요구로 뽑아 보낸 처녀를 말한다.

공녀를 뽑을 때 충렬왕은 나라 안의 혼인을 금하기도 했다. 공녀는 주로 13세에서 16세까지의 처녀를 대상으로 했다. 이에 금혼령이 내려지기 전에 미리 혼인시킴으로써 10살이 되면 혼인을 서두르는 조혼의 풍습이 생기기도 했다.

원나라에 간 공녀들 가운데 일부는 시장에서 노비로 팔리기도 했다. 그러나 공녀로 끌려간 사람들이 황제·황후 및 귀족들의 궁인 또는 시녀로서 활약하기도 하였다. 특히 황후 자리에까지 오른 경우도 있었으니, 원나라 순제의 제2황후가 된 기자오의 딸 기황후가 그러한 예라 할 수 있다. 하지만 기황후의 오빠 기철 일파는 누이 기황후의 권세를 등에 업고 수없이 많은 횡포와 수탈을 자행하여 원성을 샀다.

기황후(대만, 고궁박물관)

이외에도 원나라의 간섭을 받게 되면서 원나라에 붙어서 신분을 상승하는 이가 적지 않았다. 그들은 몽골 귀족과 혼인한 사람들과 몽골어에 능통한 역관 또는 응방에 속한 하급 관리들로 원의 세력을 등에 업고 새로운 지배 계층으로 등장했다. 원나라 공주가 몸종으로 고려에 함께 데려온 몽골인들도 권세를 누렸다. 응방은 매사냥과 매사육을 위해 두었던 관청으로 1275년(충렬왕 1)에 처음으로 두었다. 응방의 관리는 원 세력을 등에 지고 권세를 누리고 횡포를 일삼았다.

역관
외국과의 통역·번역 등에 관한 일을 담당했던 관직이다.

이런 가운데 원나라와 고려 사이에 많은 사람이 오고가면서 자연스럽게 새로운 학문과 종교, 지식이 고려에 전해졌다. 고려가 성리학을 수용하게 된 것도 원나라로부터였다. 종교에 있어서도 라마교·도교·강남 불교 등이 고려로 들어왔다. 이밖에도 원으로부터 화약·수시력 등이 전해져 과학기술이 발전할 수 있었다. 특히 원에서 농서인 『농상집요』와 이앙법(모내기법)이 들어와 농업의 발전과 백성들의 생활에 도움을 주었다.

수시력
시간을 구분하고, 날짜의 순서를 매겨나가는 방법인데, 달과 태양의 움직임을 모두 고려하여 1년을 365.2435일로 한 정확성 높은 역법이다. 조선 중기까지 사용됐다.

2. 고려와 몽골의 연합군, 일본을 정벌하러 가다

원은 고려와의 전쟁이 끝나자 바다 건너 일본을 정복하고자 했다. 원나라 황제는 일본에게 항복할 것을 권하기 위해 모두 6차에 걸쳐 고려와 원의 사신을 일본에 보냈지만 일본은 항복하길 거부했다. 결국 몽골은 전쟁으로 일본을 굴복시키기로 하고 대규모의 원정군을 파견했다.

1274년 원나라는 홍다구를, 고려는 김방경을 사령관으로 임명하여 합포(창원)에서 1차 원정길에 올랐다. 당시 총 병력이 2만 5천명, 함선이 9백 척이었다고 한다. 이 가운데 원나라의 병력이 2만명, 고려의 병력은 약 5천명이었으나 함선과 식량 마련은 모두 고려의 부담이었다. 어쩔 수 없이 원정을 준비하던 고려 백성들의 피해가 커질 수밖에 없었다.

처음 고려·몽골 연합군은 순식간에 쓰시마섬을 함락시킨 뒤 규슈 지방의 하카타만에 도착하여 일본군과의 전투에서 승리를 거두었다. 그러나 마침 큰 태풍이 불어와 연합군은 막대한 손실을 입고 곧바로 합포로 되돌아오고 말았다.

몽고습래회사(일본, 국내청)
고려·몽골 연합군과 싸우는 일본장수의 모습이다. 몽고습래회사는 2권의 두루마리로 구성된 것으로 원나라의 일본 원정 당시의 여몽 연합군과 일본 무사와의 싸움을 그린 것이다.

원나라는 1차 일본 정벌에서 큰 손실을 입었음에도 불구하고 당시 일본을 정벌하고자 하는 야욕을 버리지 않았다. 그리하여 일본 정벌을 위해 정동행성이라는 부서를 고려에 설치하고, 탐라에 목마장을 두어 말을 기르게 했다. 이와 더불어 일본에 2회에 걸쳐 사신을 보내어 국서를 전했으나 그 사신들이 모두 살해됐다.

이때를 즈음하여 원나라는 오랜 기간 끌어오던 남송과의 전쟁을 승리로 끝마쳤다. 남송을 멸망시킨 원나라는 1281년(충렬왕 7) 결국 2차 일본 정벌을 벌였다. 그동안 일본 원정에 소극적이었던 고려는 이때 적극적으로 원정 계획에 참여했다. 곧 충렬왕은 원나라의 일본 원정에 적극 협력함으로써 자신의 왕권을 높이고자 하였다.

일본 원정군은 3,500여 척의 배에 나누어 탔으며, 중국에서 출발한 군사들이 약 10만 명 정도였고, 고려를 거쳐 출발한 병력이 4만여 명이었다고 한다. 이들 중에 고려군은 1만여 명이나 참여했다. 그러나 또 다시 태풍을 만나 연합군은 엄청난 손실을 입게 됐다. 결국 2차 원정도 실패

몽고습래회사
일본군이 배에 탄 몽골군을 공격하고 있다.

로 돌아가고 말았다.

　그러나 원나라의 세조는 끝내 일본 정벌의 꿈을 버리지 않고 3번째 정벌을 준비했는데, 준비하는 과정에서 숨을 거둠으로써 원나라는 일본 정벌을 포기하게 되었다. 이후 일본 정벌을 위해 설치됐던 정동행성은 원나라에서 고려의 정치에 간섭하는 기관으로 바뀌었다.

3. 원에 대항하여 개혁 정치를 펼치다

1) 충선왕·충목왕이 개혁 정치를 펴다

　충선왕은 몽골로부터의 간섭에서 벗어나기 위해 많은 노력을 했다. 그는 정치적으로는 유교 이념에 따라 왕권을 강화하고 관리들을 제대로 임명하여 나라를 다스렸다. 또한 권세가들이 자신들의 권력을 이용하여 농장을 넓혀 나가자 토지 제도를 고쳐 국가 수입을 늘리고 백성들의 생활을 안정시켰다. 또한 농민들이 지던 세금 부담을 줄여주고 강제로 노비가 된 사람을 양민으로 되돌려 주었다. 그러나 이러한 충선왕의 개혁 정치는 원나라의 권력에 기댄 권세가들의 반발과 원의 방해로 실패했다.

　이어서 충목왕(재위, 1344년~1348년)은 충혜왕 때의 실정을 수습하면서 개혁을 추진했다. 충목왕은 권세가들이 빼앗은 토지와 노비를 원래 주인에게 돌려주고, 권세가들이 경기도에 가지고 있던 불법적인 토지를 국가소유로 되돌려 놓았다. 그러나 이 역시 원나라의 간섭을 받아 제대로 시행되지 못하였다.

2) 공민왕이 반원 자주 정책을 펴다

　14세기 중반에 이르러 중국 대륙에서는 몽골족의 원이 쇠퇴하고 한족의 명(明)나라가 일어났다. 고려는 원나라의 간섭에서 벗어날 수 있는 기회를 얻게 됐다. 이러한 원·명 교체기에 임금이 된 공민왕은 이때를 놓

충선왕(재위, 1308년 ~1313년)
고려 제 26대 임금으로 충렬왕의 아들이다. 원 세조 쿠빌라이의 외손자로 개혁정치를 실시하다 왕에서 물러나기도 하고, 서역 지방인 토번으로 귀양가기도 하였다. 하지만 연경에 만권당을 세워 원과 문화교류를 하기도 했다.

치지 않고 원의 간섭에서 벗어나고자 원나라에 대항한 개혁을 추진했다. 나라 밖으로는 원나라의 간섭에서 벗어나 자주적인 국가를 만들려는 반원 자주 정책을, 나라 안으로는 원의 힘에 기대 권력을 누리던 권문세족을 억누르려는 왕권 강화 정책을 펼쳤다.

공민왕은 원나라가 정치를 간섭하던 기관인 정동행성을 없애고 기철과 같은 친원 세력을 몰아냈다. 이어 원에 의해 강제로 바뀌었던 고려의 관제를 다시 회복했고, 변발·몽골 복장 등 몽골 풍속을 금지시켰다. 또 군대를 보내 쌍성총관부를 공격하여 철령 이북의 영토를 회복했으며, 나아가 서경에 있다가 요동으로 옮겨진 동녕부를 공격하였다.

이러한 공민왕의 반원 정책은 당시 귀족세력의 중심에 있었던 친원 세력의 반발을 샀고, 그동안 권력을 누렸던 김용 등과 가까운 신하들이 공민왕을 시해하려는 사건도 있었다. 또한 원나라는 일방적으로 공민왕은 더 이상 고려의 임금이 아니라 선언하기도 했다.

공민왕은 이에 개의치 않고 개혁을 위해 뜻을 굽히지 않았다. 공민왕은 강력한 개혁 정치를 추진하기 위해 승려 신돈을 등용했다. 신돈은 전민변정도감을 설치하여(1366년) 권문세족이 부당하게 빼앗은 땅을 원래 주인에게 돌려주거나 양인 농민층을 노비로 강제한 것을 다시 양인으로 해방시켰다. 이러한 개혁은 권문세족의 힘을 약하게 하려는 의도였다. 공민왕의 이러한 개혁 조치는 백성의 환영을 받았으나 권문세족의 반발로 신돈이 제거되고 개혁 추진의 핵심인 공민왕까지 죽임을 당하면서 중단되고 말았다.

공민왕의 개혁 정책이 실패하자, 고려 사회의 문제점은 더욱 심해졌다. 권문세족이 정치 권력을 독점하고 대토지 소유를 확대해 나가면서 정치는 제대로 이루어지지 못했다. 그리고 백성의 생활은 극도로 어려워졌다.

전민변정도감
고려 후기 권세가에게 강제로 빼앗긴 토지·농민을 되찾기 위해 설치된 임시 관청이다.

공민왕의 영토 수복

	공민왕 때 수복한 영토
→	공격로

원

초산
강계
장진
갑주
길주
의주
수복한 지역
안북부
함주
서경
화주(쌍성총관부)
개경

고려

황 해

동 해

공민왕과 노국대장공주

고려가 원나라의 간섭을 받고 있었을 때 고려의 왕자들은 원나라에 볼모로 잡혀가는 경우가 많았다. 공민왕도 청소년기를 원나라에 가서 지냈었다. 그는 어릴 적부터 문장이 뛰어났을 뿐 아니라 그림도 잘 그려 원나라의 황제도 그의 재주를 상당히 아꼈다고 한다.

이후 공민왕은 원 황제 동생의 딸 노국대장공주와 결혼까지 하게 됐다.

처음에는 공민왕이 원나라 공주와의 결혼을 좋아하지 않았으나 노국공주를 보고나서 생각이 달라졌다. 공주는 아름다울 뿐만 아니라 지혜로우며 성품도 고와 공민왕의 사랑을 많이 받았다. 공주는 항상 공민왕의 곁에서 그를 지지해 주었다. 무엇보다도 그가 고려의 왕족이므로 고려를 잊지 말라고 말해 주었다. 따라서 공민왕이 원나라에 반대하는 정책을 펼치며 자신의 고국인 원나라에 대항해 나갈 때도 노국공주는 공민왕의 편이 되어 주었다. 하지만 노국공주는 임신을 하여 아기를 낳다가 죽고 말았다. 이에 큰 슬픔에 빠진 공민왕은 이후 정치에 관심을 두지 않고 방황했고, 결국 자제위 홍륜과 내시 최만생에 의해 살해되었다.

공민왕 신당(서울 종묘)
정식 명칭은 '고려 공민왕 영정 봉안지당'이다. 공민왕을 위하여 건립한 별당으로, 종묘를 창건할 때 함께 세워졌다. 신당 안에는 중앙의 벽에 공민왕과 노국대장공주를 함께 그린 영정이, 옆면의 벽에는 공민왕이 그렸다고 전하는 준마도가 있다. 임진왜란 때 불에 탔다가 다른 전각들과 함께 재건됐다.

공민왕 사당(서울 마포)
공민왕을 기리는 곳이다.

4. 권문세족과 신진 사대부가 대립하다

1) 권문세족이 등장하다

고려 후기의 사회를 주도한 세력은 권문세족이었다. 권문세족은 무신 정권이 무너지면서 새로운 지배 세력으로 등장했다. 이들은 무신 정권 이후 정국 변동과 관련되면서 성장했다.

권문세족의 종류는 전기 이래 계속해서 성장해 온 문벌 귀족 가문, 무신 정권 시대에 무신으로 이름을 날린 가문, 무신 정변 이후 학문과 행정에 능하여 신흥 관료로 성장한 가문, 원나라와의 관계에 기대어 신흥 세력으로 성장한 가문 등으로 나눌 수 있었다.

> ### 더 알아보기
>
> **권문세족의 출신 성분**
>
> 권문세족의 출신 성분은 ① 전기 이래의 문벌 귀족 가문인 경주 김씨, 정안 임씨, 경원 이씨, 안산 김씨, 철원 최씨, 해주 최씨, 공암 허씨, 청주 이씨, 파평 윤씨. ② 무신 정권 시대에 무신으로 득세한 가문인 언양 김씨, 평강 채씨 ③ 무신 정변 이후 능문능리의 신관인층으로 성장한 가문인 당성 홍씨, 황려 민씨, 횡천 조씨 ④ 원나라와의 관계 속에서 신흥 세력으로 성장한 가문인 평양 조씨 등이 있었다.

이들 권문세족은 도평의사사를 통해 높은 관직을 독점하고 자신들의 지위를 세습시켜 나갔다. 뿐만 아니라 이들은 개간, 토지 겸병 등을 통해 막대한 농장과 노비를 소유했다. 심지어 농장의 규모가 산과 내를 경계로 하거나 주와 군에 걸치는 경우도 적지 않았다.

권문세족은 수도인 개경에 거주하면서 자신들의 가신이나 노비를 파견하여 농장의 세금을 거두었다. 그들의 농장에는 자기의 역(役)을 피하기 위해 스스로 노비가 된 자도 있었지만, 권력자에 의해 억지로 노비가 된 자들도 많았다. 권문세족들은 자신의 토지와 노비들에 대한 면세와 면역 특권을 이용하여 자신의 경제력을 더욱 키워 나갔다.

이러한 권문세족들의 경제력 확대는 결국 국가의 재정을 궁핍하게 했다. 이들이 세금을 거둘 수 있는 국가 소유의 공전을 불법으로 차지함으로써 고려의 수취 체제를 붕괴시키는 결과를 초래하였다. 즉 권문세족들이 국가의 토지를 차지함에 따라 새로이 관리가 된 자들에게 줄 토지와 녹봉이 부족했고 이에 따라 신진 관료들을 중심으로 불만이 쌓여갔다.

2) 신진 사대부가 개혁을 주도하다

신진 사대부
'사(士)'는 선비나 학자를, '대부
(大夫)'는 관리를 뜻하는 말로,
신진 사대부란 새롭게 등장한
학자관료를 이른다.

신진 사대부는 지방에 중소 지주적 기반을 가지면서 향리 신분에 있었던 사람들이다. 이들이 중앙 관료로 진출한 것은 무신 정권 아래에서 시작됐으나, 공민왕의 개혁 정치를 계기로 본격적으로 등장했다.

신진 사대부들은 권문세족에 비해 가문이 변변하지 못한 지방의 향리 출신이 많았다. 지방에서 중소 지주적 기반을 가지고 있던 향리의 자제들이 고려 후기에 새로이 성리학을 받아들이면서 과거를 통하여 중앙

이색(1328년~1396년)

정몽주(1337년~1392년)

고려 시대 지배층의 변천

구분	문벌 귀족	권문세족	신진 사대부
출신	호족(개국공신, 6두품)	친원파	향리
형성 과정	음서, 혼인 관계	친원파의 세력 배경, 음서	유교적 지식, 실무 능력
권력기반	중서문하성·중추원(가문)	도평의사사(관직)	관리(실무적)
경제적 기반	과전, 공음전	농장	중소지주
성격	보수적	수구적	개혁적
사상	유교·불교	불교	성리학
지배시기	고려 전기	고려 후기	고려 후기

정계로 진출하였다. 이들은 학문적 교양을 갖추고 정치적 실무에도 능한 학자 관료로서 친원적이고 친불교적인 권문세족과 정치적으로 대립했다.

경제적으로 신진 사대부들은 권문세족들과 대립하였다. 권문세족들이 토지를 불법적으로 넓혀가면서 수취체제가 문란해지게 되었고, 이러한 폐해는 백성들 뿐만 아니라 그들의 경제적 기반까지도 위협했다.

신진 사대부의 개혁은 공민왕 때에 이르러 본격화됐다. 공민왕은 개혁을 추진하는 과정에서 이색·정몽주·정도전·권근 등의 신진 사대부들을 중앙 정계에 진출시켜 개혁을 돕도록 했다. 이들은 성리학을 적극 수용하여 학문적 기반으로 삼고 불교의 폐단을 시정하고자 했다.

신진 사대부들은 권문 세족이 자신들의 농장을 확대하는 불법적 폐단을 국가의 힘으로 고치고자 했다. 그러나 개혁을 추진하였던 신진 사대부의 세력이 권문세족에 대항하기에는 역부족이었다. 즉 당시에 권문세족이 인사권을 쥐고 있었으므로 신진 사대부들의 관직 진출이 제한됐으며, 마땅히 받아야 할 과전과 녹봉조차도 받지 못하는 경우가 많았다.

결국 신진 사대부의 왕권과 연결된 개혁 정책은 실패로 끝났다. 그러나 이들은 고려 말에 이르러 새로 등장한 신흥 무인 세력과 정치적으로 결합함으로써 마침내 권문세족을 누르고 조선 왕조를 세울 수 있었다.

과전
관리가 국가에 봉사의 대가로 받았던 토지이다.

녹봉
관리가 월급 형태로 받던 쌀과 같은 현물을 뜻한다.

5. 고려가 멸망하다

1) 원나라가 지고, 명나라가 떠오르다

14세기 말에 이르러 원래 중국 대륙을 차지하고 있던 몽골족이 세운 원나라가 점차 흔들리게 됐다. 그 틈을 타 가난한 농민의 아들로 태어난 한족 반란군의 한 사람인 주원장이 남경에서 명을 세우고(1368년), 원나라의 지배층인 몽골족을 원래 그들의 본거지였던 북쪽 땅으로 몰아냈다. 중원을 차지한 나라가 원나라에서 명나라로 바뀌어 간 것이다.

이런 가운데 고려에서는 원나라에 빌붙어 권력을 누리던 친원파와 새로 떠오른 명나라를 지지하는 친명파가 서로 대립했다. 이때 공민왕은 원나라 세력을 몰아내기 위해 명나라와 친하게 지내고자 하였으나 측근에게 시해당하였다.

공민왕의 뒤를 이어 우왕(재위 1374~1388)이 즉위하자 고려는 원나라와 명나라 두 나라 사이에서 한 쪽에 치우치지 않고, 적당히 이익을 얻는 양면 외교를 실시했다. 그러나 명나라가 원나라와의 전쟁에서 확실한 우위를 차지하면서 더 이상 양면 외교를 유지하기가 힘들게 되었다.

명은 고려가 아직도 쫓겨난 원나라와 교류하는 것을 못마땅히 여기며 무리한 공물을 요구하거나 고려에서 보낸 사신을 귀양 보내는 등 점차 고려를 압박해왔다. 게다가 1388년에는 공민왕 때 되찾은 고려의 북쪽 땅(쌍성총관부)에 자신들 마음대로 철령위라는 직할지를 설치하고 명의 땅으로 삼겠다고 협박하기까지 했다. 이 지역은 본래 고려의 땅이었지만, 원나라가 고려와의 전쟁을 끝내며 강제로 빼앗아갔던 곳이었다.

2) 홍건적과 왜구의 침입을 물리치다

고려 말에는 홍건적과 왜구가 자주 침입하여 더욱 나라를 어렵게 만들었다. 홍건적은 중국 원나라 말기에 일어난 한족 반란군으로 머리에

이방실 장군 묘(경기 가평)
이방실(?~1362년)은 홍건적의 침입을 무찌르는 공을 세웠다.

붉은 수건을 둘러서 홍건적이라 불렸는데, 원나라 말기 혼란을 틈타 순식간에 큰 세력으로 성장했다. 이들은 본래 몰락한 농민들을 중심으로 뭉친 도적 무리로, 점차 그 세력이 커져서 농민 군대처럼 바뀌었다. 이들 중 일부가 원나라에 대항하다 패배하여 고려로 도망 온 것이었다.

홍건적이 압록강을 건너 고려로 처음 쳐들어온 것은 1359년이었다. 홍건적은 의주를 함락시키고 개경을 향해 내려왔지만 고려군이 이를 효과적으로 물리쳤다. 그러나 2년 뒤인 1361년에는 10만 명에 이르는 홍건적이 다시 침입하여 수도인 개경을 점령하였고, 공민왕은 복주(안동)로 피란하는 일이 벌어졌다. 다행히 그 이듬해에 20만 명의 고려군이 반격하여 홍건적은 수많은 사상자를 남긴 채 압록강이북으로 도망갔다. 하지만 고려는 두 차례에 걸친 홍건적의 침입으로 큰 피해를 입었다.

홍건적의 침입과 비슷한 시기에 일본의 쓰시마섬을 중심으로 활동했던 해적인 왜구가 고려를 괴롭혔다. 이들은 각 지

금산 천내리 용호석(충남 금산)
공민왕의 능묘석으로 건립된 것으로 전해진다. 고려 말 홍건적이 침입했을 때 안동으로 피란 온 공민왕이 지관에게 자신의 능묘를 정하도록 했는데 지관이 금산 동쪽 20리 지점에 명당이 있다고 했다. 이에 공민왕은 필요한 석물을 갖추도록 했고 그것이 지금의 용호석이라고 한다. 공민왕이 개경으로 환도한 뒤 피살되면서 방치되었다고 전한다.

안동웅부 현판(경북 안동)
홍건적의 난을 피해 안동으로 간 공민왕이 쓴 글씨라 전한다.

역의 곡식과 백성들을 약탈하고 납치했다. 당시 일본은 하나의 정부를 이루지 못하고 혼란이 이어졌으므로 예전의 군인이었던 사람들과 농민들이 해적이 되어 활동하여도 이를 막지 못했다.

왜구는 이미 13세기 초부터 고려 해안가에 나타나기 시작했으나 본격적인 침략은 1350년대부터였다. 원의 간섭기에 있었던 고려는 국방력이 약화되어 이들을 효과적으로 막을 수 없었다. 일본과 가까운 경상도 해안에 출몰하기 시작한 왜구는 점차 전라도 지역으로 활동 범위를 넓혔고, 심지어 개경 부근까지도 나타났다. 불특정 다수인 왜구의 공격으로 해상 교통이 끊겨 각 지역에서 세금으로 걷은 쌀을 개경으로 옮기는 일이 어렵게 됐다.

고려 정부는 왜구를 근절하기 위해 일본과 여러 차례 교섭을 했으나 일본 정부는 당시 이들을 통제할 능력을 가지고 있지 못했다. 공민왕의 개혁 정치로 원의 간섭에서 차츰 벗어나고 있던 고려는 왜구 토벌에 나섰다.

왜구의 격퇴를 위해 고려 정부는 1389년(창왕 1) 경상도원수 박위로 하여금 쓰시마섬을 공격하여 왜구의 선박을 불태우고 육지로 상륙하였다. 이에 왜구들은 도망쳤으므로 전과를 거두지는 못했으나 포로로 잡혀간 남녀 1백명을 구출하였다.

최영은 충청도 홍산(부여 지방)에서 왜구를 크게 무찔렀다(1376년). 최무

『倭寇図巻』(史料編纂所所蔵)より

왜구의 모습들
『왜구도권』에 나오는 내용으로 동경대 사료편찬소에 소장되어 있다.

선은 화약과 대포를 만들어 진포 앞바다에서 왜구의 배 500여 척을 파괴하는 성과를 거두기도 했다(1380년).

　또한 신흥 무인 세력인 이성계도 전라도 황산(남원 지방)에서 왜구를 크게 물리쳤다(1380년). 최영과 이성계와 같은 무인 세력은 왜구를 격퇴하는 과정에서 백성들의 신임을 얻어 자연스럽게 국민적인 영웅으로 떠오르게 됐다. 이후 이들은 고려 말의 새로운 정치 세력으로 등장하였다.

진포 대첩 기념탑(전북 군산)
최무선이 진포에서 왜구를 무찌른 것을 기념하기 위해 세웠다.

파괴된 황산대첩비(전북 남원)
일제 강점기에 조선총독부는 이성계(태조)가 남해안에 출몰하던 왜구를 황산에서 격퇴한 전공을 기록한 황산대첩비를 파괴했다. 1943년 일제는 황산대첩비를 비롯한 전국의 일본 관련 전승비와 대첩비 20여 기를 깨부수고, 비석의 비문을 정으로 쪼아 형체조차 알아볼 수 없게 만들었다.

황산대첩비(전북 남원)

3) 이성계, 위화도 회군으로 권력을 차지하다

공민왕의 개혁정책이 실패하고 그 뒤를 이은 우왕 때에는 권문세족들이 백성들의 토지를 마음대로 빼앗는 일이 극에 달했다. 또한 홍건적과 왜구의 침입이 끊이지 않아 백성들의 삶은 너무나 힘들어졌고 절망적이었다.

이러한 때에 국민적 영웅으로 떠오른 인물이 최영과 이성계였다. 최영을 따르는 사람들은 주로 고려 왕조를 유지하면서 사회적인 문제들을 해결하고자 하였다. 그러나 이성계와 함께 하던 사람들은 고려에 희망이 없음을 깨닫고 고려라는 나라 자체를 뒤엎자는 역성혁명에 뜻을 둔 사람들이 많았다.

최영과 이성계는 그 출신부터 달랐다. 최영은 고려의 이름난 가문 출신으로 그 딸이 우왕의 왕비였다. 반면에 이성계는 중앙 귀족 가문 출신이 아닌 여진족들이 살던 북쪽 함경도 지역에서 성장한 무장이었다. 이성계의 아버지인 이자춘도 본래 함경도 지역의 다루가치로 있다가 공민왕이 쌍성총관부를 공격할 때 고려군을 따라 공을 세움으로써 고려 중앙 정부의 신임을 얻었던 사람이었다.

이성계를 따르던 자 중에는 북방의 무인들과 남방의 지략있는 문인들이 많았다. 이들은 홍건적과 왜구의 침입을 격퇴하는 과정에서 크게 공을 세웠고, 이를 토대로 서서히 권력을 잡아갔다.

삼척 준경묘(강원 삼척)
태조의 5대조인 이양무의 묘로 목조가 전주를 떠나 강원도로 이주할 때 이들도 함께 동행했다고 한다.

이런 상황에서 1388년 원을 몰아낸 명나라가 공민왕 시절 되찾은 영토를 그들에게 넘겨 달라고 요구해 왔다. 원의 쌍성총관부가 있던 자리에 철령위라는 직할지를 설치하고 명의 땅으로 삼겠다고 통보해 온 것이다. 명나라는 고려에 무리한 공물까지 요구해 오던 차라 고려는 이를 거부하고, 나아가 고구려의 옛 영토였던 요동 지역을 회복하려 했다.

이때 이성계는 4대 불가론을 내세워 요동 정벌에 반대했다. 그러나 우왕과 최고 관직인 문하시중에 있던 최영이 강력하게 주장해 요동 정벌이 실행됐다. 요동 정벌을 위해 8도의 군사들이 소집되었고, 우왕과 최영은 황해도 지역으로 가 출전을 준비했다. 우왕은 최영을 8도도통사로 임명하고, 조민수를 좌군도통사로, 이성계를 우군도통사로 삼아 좌·우군을 편성했다. 우왕과 최영은 평양에 머물면서 군사를 독려하고, 조민수와 이성계가 이끄는 좌·우군은 10만 대군을 자칭하면서 평양을 출발해 압록강에 위치한 섬인 위화도에 도착했다.

그러나 때마침 큰비를 만나 압록강을 건너기가 어렵게 되자, 이성계는 이러한 실정을 보고하면서 요동 정벌을 포기할 것을 우왕에게 요청했다. 그러나 우왕과 최영이 이를 받아들이지 않고 계속해서 요동 정벌을 독촉하자, 결국 이성계는 조민수와 상의한 뒤 회군을 단행했다. 이를 위화도 회군이라고 한다(1388년). 개경으로 돌아온 이성계는 최영의 군대와 일전을 벌인 끝에 최영을 제거하고 우왕을 폐위한 뒤 강화도로 유

4대 불가론
요동 정벌시 이성계가 주장한 것으로 ①작은 나라가 큰 나라를 거스르는 일은 옳지 않음. ②여름철에 군사를 동원하는 것이 부적절함. ③요동을 공격하는 틈을 타 왜구가 침범하며, 이를 막기 어려움. ④무덥고 비가 많이 오는 시기이므로 활의 아교가 녹아 풀어지고 병사들이 전염병에 걸릴 염려가 있음. 등이다.

최영 장군 묘(경기 고양)

위화도(평북 신의주)

배 보내 살해함으로써 정치적인 실권을 장악하게 되었다.

권력을 잡은 이성계의 주위에는 고려를 무너뜨리고 새로운 나라를 세워야 한다는 사람들이 뜻을 모아 뭉쳤다. 그 중에 대표적인 사람이 정도전이었다. 정도전은 고려에는 더 이상 희망이 없다며 불교 대신 유교(성리학)를 바탕으로 하는 새로운 나라를 세워야 한다는 포부를 가지고 있었다.

정도전 등의 혁명파와 달리 고려에 여전히 충성을 다하려는 신하들도 있었는데, 대표적인 사람은 정몽주였다. 그는 두 임금은 섬길 수 없다며 고려를 끝까지 지키고자 했다. 계속되는 정도전과 정몽주의 갈등 속에 결국 결단을 내린 건 이성계의 아들 이방원이었다.

이방원은 아버지(이성계)가 임금이 되는 데 큰 걸림돌이 되는 정몽주를

포은 정몽주 유허비
(경북 영천)
고려 말 성리학자이자 관리로서 활약한 정몽주가 부모 상을 당하여 무덤 옆에서 3년을 기거한 것을 기리는 비이다.

선죽교 위에서 사람을 시켜 암살하였다. 정몽주가 죽자 고려에 충성하자는 신하들의 의지가 꺾이게 되고, 결국 이성계는 신하들의 추대와 공양왕의 선위 형식을 빌려 왕위에 오름으로써 마침내 새 왕조 조선(朝鮮)을 건국하게 되었다. 이때가 1392년 7월 14일이었다. 이로써 475년간 이어진 고려는 역사 속으로 사라지게 됐다.

선죽교(개성)

고양 공양왕릉(경기 고양)
고려의 마지막 왕인 공양왕(1345~ 1394)과 그의 부인 순비 노씨의 무덤이다. 조선 건국 직후 태조 3년(1394년)에 삼척부에서 두 아들과 함께 살해됐다. 태종 16년(1416)에 공양왕으로 봉하고 고양에 무덤을 마련했다. 공양왕의 무덤은 그가 살해된 삼척 지역에도 있다.

삼척 공양왕릉(강원 삼척)
고려 왕조의 마지막 임금인 공양왕의 묘로 공양왕릉은 강원도 삼척과 경기도 고양 두 곳에 있는 것으로 전해지는데, 문헌의 기록이 부족하여 어느 곳이 진짜인지 확실히 알 수 없다. 삼척 왕릉에 대한 기록은 현종 3년(1662) 삼척부사였던 허목의 『척주지』에 있다. 이곳에는 임금이 유배된 곳이라 하여 궁촌이라 전해진다. 봉분이 모두 4기인데 가장 남쪽에 있는 것이 공양왕릉, 2기는 두 왕자, 나머지 하나는 시녀 또는 말의 무덤이라고 전한다.

06 경제와 사회 제도를 말하다

흥원창(강원 원주)
강원도 남쪽의 세곡을 걷어 한강의 수운을
따라 예성강 어귀의 경창으로 운송했다.

가천마을 다랑이 논(경남 남해)
다랑이는 선조들이 산간지역에서 벼농사를 짓기 위해 산비탈을 깎아 만든 곳으로 서긍의 『선화봉사고려도경』에 나온다.

1. 세금은 어떻게 거두었을까?

고려는 건국 초부터 농민의 생활 안정과 국가 재정을 확보하기 위해 농업을 중시하는 정책을 추진했다. 새로 개간한 땅에 대해서는 일정 기간 세금을 면제해주면서 백성들이 새로 땅을 개간하도록 했고, 농사일로 바쁠 시기에는 나라의 공사나 군대에 백성들을 동원하지 않았다. 또한 자연재해를 당했을 때에는 세금을 깎아주었고, 고리대의 이자를 제한했으며, 의창을 실시하는 등 농민의 생활을 안정시키려고 노력했다.

조세는 토지 소유자에게 부과하는 세금인데, 논과 밭을 비옥도에 따라 3등급으로 구분하여 부과했다. 토지의 종류에 따라 수확량 중에 세금을 내는 비율이 달랐고 거둔 조세는 각 고을의 농민을 동원하여 조창까지 옮긴 다음, 조운을 통해 개경으로 운반하여 보관했다.

공물은 그 지역의 토산물을 거두는 제도이다. 중앙 관청에서 필요한 공물의 종류와 액수를 나누어 주·현에 부과하면, 각 고을에서는 향리들이 집집마다 공물을 거두었다. 공물의 종류로는 매년 지정 품목을 내는 상공(常貢), 국가 수요에 따라 비정기적으로 내는 별공(別貢), 왕실을 위한 진상(進上)이 있었다.

역은 국가에서 백성의 노동력을 무상으로 동원하는 제도인데, 16세에서 60세까지의 남자에게 역의 의무를 지게 했다. 역은 군역과 요역으로 이루어진다. 군역은 군인의 역할을 수행하는 것이고, 요역은 토목·건축 공사나 성쌓기 등에 동원되어 노동력을 제공하는 것이다. 이렇게 걷은 세금은 왕실 경비·관리의 월급인 녹봉·일반 국가 비용·국방비 등에 지출했다.

의창
평소에 곡식을 저장해 두었다가 흉년이 들면 굶주린 사람을 구호하거나 가난한 사람에게 곡식을 빌려주던 제도이다.

조창
조세로 걷은 현물(쌀)을 모아 보관하고 중앙으로의 수송을 위해 수로 근처에 설치한 창고와 이 일을 담당하는 기관이다.

조운
고려·조선 시대에 조세로 거둔 현물(쌀)을 수도까지 운송하던 제도로, 육로를 이용하기도 했으나 도로와 운송 수단의 문제로 주로 뱃길을 이용했다.

2. 전시과, 봉급으로 토지와 땔감을 나누어주다

고려는 태조 때 나라를 세우는 데 공이 큰 신하들에게 그 기여 정도에

토지 제도의 변천

구분	시기	지급대상	특징
역분전	태조 (940년)	개국공신	논공행상 성격
시정 전시과	경종 (976년)	문무 전·현직 관리	관직 등급과 인품 반영
개정 전시과	목종 (998년)	문무 전·현직 관리	관직 기준 (18등급)
경정 전시과	문종 (1076년)	문무 현직 관리	현직 위주. 무관의 차별

따라 땅을 역분전이란 명목으로 나누어 주었다. 그 후 관리의 등급을 따져 봉급을 주는 제도를 실시했는데, 그것이 전시과였다. 전시과는 말 그대로 관리에게 전지(田地)와 시지(柴地)를 등급에 따라 차등 지급하는 제도였다. '전(田)'은 곡물을 거둘 수 있는 토지를, '시(柴)'는 땔감을 얻을 수 있는 임야를 말한다. 이때 토지에 대한 소유권을 주는 것이 아니라, 그 토지에서 나는 생산물을 징수할 수 있는 권리를 주는 것이다. 이 권리를 수조권이라고 한다.

전시과는 관직에 복무하는 댓가로 지급됐으므로 토지를 받은 자가 죽거나 관직에서 물러날 때에는 토지를 국가에 반납하는 것이 원칙이었다. 그러나 5품 이상의 고위 관리에게 지급한 토지인 공음전은 사실상 세습되어 문벌 귀족들의 경제적 기반이 되었다.

3. 쓰임새에 따라 다양한 토지 제도를 갖추다

고려 시대 토지의 종류는 크게 관리에게 보수로 지급하던 전시과 체제의 과전과 귀족이 세습해 가던 공음전이 있었다. 과전은 모든 관리가 벼슬의 높이에 따라 받았는데, 벼슬을 그만 둘 때에는 나라에 반납하게 했다. 그 반면에 공음전은 5품 이상의 관료가 되어야 받을 수 있는데,

전시과의 전지와 시지 지급 액수

			1	2	3	4	5	6	7	8	9	10	11	12	13	14	15	16	17	18
경종 (976년)	시정 전시과	전지	110	105	100	95	90	85	80	75	70	65	60	55	50	45	42	39	36	33
		시지	110	105	100	95	90	85	80	75	70	65	60	55	50	45	40	35	30	25
목종 (998년)	개정 전시과	전지	100	95	90	85	80	75	70	65	60	55	50	45	40	35	30	27	23	20
		시지	70	65	60	55	50	45	40	35	33	30	25	22	20	15	10			
문종 (1076년)	경정 전시과	전지	100	90	85	80	75	70	65	60	55	50	45	40	35	30	25	22	20	17
		시지	50	45	40	35	30	27	24	21	18	15	12	10	8	5				

자손에게 물려줄 수 있었다. 공음전은 과거 시험을 거치지 않고 관리가 될 수 있는 음서제와 함께 귀족의 지위를 유지해 나갈 수 있는 기반이 되었다.

한인전은 6품 이하 하급 관료의 자제로서 관직에 오르지 못한 사람에게 지급한 토지이고, 군인전은 군역의 대가로 주는 토지였다. 대개 직업 군인들은 그 자식들도 군인이 되었으므로 군인전도 자손에게 사실상 세습됐다.

이외에도 왕실의 경비를 충당하기 위하여 내장전을 두었고, 중앙과 지방의 각 관청에는 공해전을 지급하여 그 토지에서 나오는 생산물로 관청을 운영할 수 있게 해주었다. 또 불교를 국교로 삼았으므로 사원에 사원전을 지급하기도 했다.

4. 경제 활동이 활발해지다

1) 상업을 활발히 하기 위해 화폐를 만들다

고려의 상업은 도시를 중심으로 발달했다. 개경에 시전을 설치하여 관청과 귀족이 주로 이용했고, 경시서라는 관청을 두어 상인들이 장사를 제대로 하는지 감독했다. 개경(개성)·서경(평양)·동경(경주) 등의 대도시에는 관청의 수공업장에서 생산한 물품을 판매하는 서적점·약점이 있었고, 술을 파는 주점, 차를 파는 다점 등의 상점을 두기도 했다. 이밖에도 정해져있지는 않지만 필요에 따라 사람들이 모이는 시장도 만들어졌다.

한편, 지방에서는 농민·수공업자·관리 등이 주로 관청 근처에 모여들어 쌀·베 등 일용품을 서로 바꿀 수 있는 시장을 열었다. 행상인들은 이런 지방 시장에서 물품을 팔거나 직접 마을을 돌아다니며 베나 곡식을 받고 소금, 일용품 등을 판매했다. 또 사원(절)에서도 승려나 사원 노비가 만든 수공업품을 민간에 팔기도 했다.

화폐 종류

명칭	제작 시기	재료
건원중보	성종	철
은병(활구)	숙종	은
해동통보	숙종	
삼한통보	숙종	동
동국통보	숙종	
쇄은	충렬왕	
소은병	충혜왕	은
저화	공양왕	종이

고려의 화폐로서 성종 15년(996)에 우리나라 최초의 금속 화폐인 건원중보가 만들어졌지만 대도시 유통계의 일부에서 통용되다가 베와 쌀 등의 물품화폐에 압도 당해 크게 사용되지 못했다. 숙종 때에는 은 1근으로 은병(활구)이라는 고액의 화폐를 만들었다.

숙종은 주전관을 두어 화폐 주조 업무를 담당하게 하고 1102년 해동통보를 만들어 유통 보급을 시도하였고, 이어 동국통보·동국중보·해동중보·삼한통보·삼한중보 등을 유통하려 하였다. 그러나 이들 동전은 모두 생각만큼 활발히 쓰이지는 못했다. 농업 중심의 사회였던 고려 백성들은 주로 곡식과 삼베로 거래를 하는 문화가 있었기 때문이다. 그래서 고려 시대에는 기본적으로 쌀과 베 등의 물품이 화폐처럼 쓰였다.

건원중보   해동통보   은병(활구)

더 알아보기

화폐 주조

백성을 부유하게 하고 국가를 이롭게 하는 것으로 전화(錢貨)만큼 중요한 것이 없다. 서쪽의 송나라와 북쪽의 요나라에서는 이를 유통시킨 지 이미 오래되었는데, 우리나라만 홀로 아직 유통시키지 않고 있다. 지금 비로소 화폐를 주조하는 법을 제정하노니, 이에 따라 주조한 화폐 15,000관(貫)을 재추·문무양반·군인들에게 나누어 주어 유통의 시초로 삼으며 화폐의 이름을 해동통보(海東通寶)라 한다. 처음으로 화폐를 사용하는 사실을 태묘(太廟)에 고할 것이다.

－『고려사』 권79, 지33 식화2 화폐, 숙종 7년 12월 －

삼한통보

2) 사원에서 솜씨 좋은 물건들을 만들다

고려 전기에는 국가가 직접 관리하는 관청 수공업이 중심을 이루었고, 후기에는 민간 수공업과 사원(절) 수공업이 발달했다. 기술자는 주로 국가에서 필요로 하는 무기류·가구류·금은 세공품·견직물·마구류 등을 만들어 납품했다.

민간 수공업은 농촌의 각 가정에서 이루어진 가내 수공업이 중심이었다. 한편, 특수 행정 구역인 소에서는 금·은·철·구리·실·옷감·종이·먹·차·생강 등을 생산하여 공물로 국가에 납부했다.

사원에서는 기술이 좋은 승려와 노비가 있어 베·모시·기와·술·소금 등 품질 좋은 제품을 생산했다. 고려 경제에 있어 사원은 중요한 비중을 차지했는데, 심지어는 큰 사원에서 장터가 열리는 곳도 있었다.

흥덕사지에서 출토된 생활 용구(국립청주박물관)

3) 농민도 민전을 경작하다

농민의 경우 조상이 물려준 토지인 민전을 경작하거나, 나라의 땅이나 다른 사람의 땅을 빌려 농사를 지었다. 또, 품팔이를 하거나 부녀자들이 삼베, 모시, 비단 등을 짜는 일을 하여 생계를 유지했다.

대개 농민은 소득을 늘리려고 황무지를 개간하고 새로운 농업 기술을 배웠다. 백성들이 농사를 짓는 땅이 많을수록 백성들의 삶도 나아지고, 나라에서도 세금을 안정적으로 거둘 수 있었다.

5. 경제 구조가 변하다

1) 귀족들의 농장이 늘어나다

귀족의 경제 기반은 대대로 상속받은 토지와 노비, 관료가 되어 받은 과전과 녹봉 등이 있었다. 귀족들은 자신의 소유지를 노비에게 경작시키거나 소작을 시켜 생산량의 절반을 가져갔다. 또, 외거 노비에게 신공

신공(身貢)
노비가 자유로운 생활을 하는 대신 상전에게 매년 바치는 곡식이나 포를 말한다.

고리대
대금업자가 지나치게 높은 이자를 받는 경향으로, 대개 자신의 지위를 이용하여 강제적으로 거두어들이는 경우가 많았다.

으로 매년 베나 곡식을 받았다. 귀족은 권력이나 고리대를 이용하여 농민의 토지를 빼앗거나 헐값에 사들였고, 개간을 하여 토지를 늘려 나갔다. 또한 몽골과의 오랜 전쟁이 끝난 후 황폐해진 토지를 개간하여 이를 자신의 땅으로 만들어 갔다. 이렇게 대규모로 경작되는 토지를 농장이라 했다. 귀족들은 농장을 경영하기 위해 관리인을 보내 소작인을 관리하고 소작료를 거두어 갔다.

농장에서 나오는 수입으로 귀족들은 화려한 생활을 할 수 있었다. 문벌 귀족이나 권문세족은 큰 누각을 짓고 사치스러운 생활을 했을 뿐만 아니라, 지방에 별장도 가지고 있었다. 이들이 외출할 때에는 남녀 모두 시종을 거느리고 말을 타고 다녔으며, 중국에서 수입한 차(茶)를 즐기기도 했다.

2) 여러 방면의 산업이 발달하다

12세기 이후에는 해안가 갯벌을 매워서 개간하여 농사지을 땅을 늘려 나갔다. 특히, 몽골의 침략으로 정부가 강화도로 피란갔을 때는 강화도 지방을 중심으로 한 간척 사업이 추진됐다. 또 수리 시설의 발달도 이루어졌다. 고대부터 있었던 김제의 벽골제와 밀양의 수산제라는 저수지가 고쳐졌고, 소규모의 저수지도 늘어갔다.

이와 함께 호미와 보습 등 농기구와 종자도 개량됐다. 소를 이용하여

더 알아보기

문벌 귀족의 사치 생활

관란사의 북쪽 산은 초목이 없는 민둥산이므로 김돈중 등은 인근의 백성을 모아 소나무·잣나무·삼나무·회나무와 기이한 꽃과 이채로운 풀 등을 심었다. 또 단을 쌓아 임금의 방을 꾸몄는데, 금과 푸른 옥으로 장식하고 대(臺)와 섬돌은 괴이한 돌을 사용하였다. 하루는 왕이 이곳에 행차하니, 김돈중 등이 절의 서쪽 대에서 잔치를 베풀었는데 장막과 그릇 등이 몹시 사치스럽고 음식이 진기했다. 왕이 재상, 근신들과 더불어 매우 흡족하게 즐겼다.

『고려사』 권98, 「열전」11, 김돈중

땅을 깊이 가는 방법이 일반화되고 퇴비를 주는 시비법이 발달하면서 노는 땅이 점차 줄어 계속해서 경작할 수 있는 토지가 늘어났다. 밭농사는 2년 3작의 윤작법이 점차 보급됐고, 논농사도 고려 말에는 이앙법(모내기법)이 남부 지방 일부에 보급될 정도로 발전했다. 또한 고려 후기에는 이암이 중국의 농서인 『농상집요』를 소개하여 새로운 농사법이 들어오기도 했다.

윤작법
전체 토지를 적당히 나누어 일부는 지력을 늘리기 위해 농사를 짓지 않고 나머지에만 농사를 지은 후, 다음 해에는 땅을 돌려가며 농사를 짓는 방식이다.

고려 후기에는 국가가 세금을 늘리기 위해 소금을 국가가 직접 만들어 팔아 그 판매한 대가를 얻었다. 소금업을 국가가 직접 관리한 것이다. 또 관청, 관리, 사원 등은 농민들에게 물건을 사고팔도록 하고, 조세를 대납하도록 하는 등 유통 경제에 참여시켰다. 이 과정에서 상업이 발달하게 되었고 부를 축적하여 관리가 되는 상인이나 수공업자도 생겨났다.

고려 후기에 이르러 상업 활동이 전기보다 더 활발해져 시전 규모도 확대되고 어느 종류의 물건을 전문적으로 판매하는 곳이 생겼다. 개경의 상업 활동은 점차 도성 밖으로까지 확대됐으며, 예성강 어귀의 벽란도를 비롯한 항구들이 교통로와 산업의 중심지로 발달했다.

지방 상업에서는 여러 지방을 돌아다니며 물품을 사고파는 행상의 활동이 두드러졌다. 조운로를 따라 미곡·생선·소금·도자기 등이 교역됐으며, 새로운 육상로가 개척되면서 여관인 원(院)과 교통 중심지인 역(驛)이 발달하여 상업 활동의 중심지가 되기도 했다.

수산제(경남 밀양)

강화도 간척지(인천 강화)

기반암
간척지
방조제

고려 후기 원나라(몽골)가 중국을 지배할 무렵에는 유라시아 대륙을 연결하는 원나라의 교통로를 따라 많은 서역인이 고려에 들어와 활동했다. 이들로 인해 무역뿐 아니라 다양한 국제적 문화 교류가 함께 이루어졌다.

원나라의 음식 문화가 전해져 오늘날까지 즐겨먹는 만두·순대를 비롯하여 소주·설렁탕 같은 음식들이 유행하기 시작했다. 특히, 소주는 몽골인들이 중국의 증류기술을 발전시켜 간편한 증류기를 개발하여 만든 것이다.

더불어 고려 후기 문익점이 원으로부터 목화씨를 들여와 재배에 성공

혜음원지(경기 파주)
남경(서울)과 개성을 통행하는 사람들의 편의를 위해 건립된 국립 숙박 시설이다. 여기에는 원·행궁·사지로 구성되어 있었다. 많은 유물이 출토되어 당시의 생활 양식을 알 수 있었다.

했다. 곧 그의 장인인 정천익이 문익점에게 받은 목화씨를 이용하여 재배에 성공해서 마을 사람들에게 씨앗을 나누어줌으로써 나라 전체에 목면 재배가 보급되었다. 목화의 전래는 이후 우리나라 사람들의 생활에 큰 변화를 가져왔다. 목화를 원료로 짠 면직물(무명), 옷이나 이불에 솜을 넣은 면화의 등장으로 겨울나기가 보다 더 쉬워졌기 때문이다.

강화도 간척지(인천 강화)

면화 시배지(경남 산청)

문익점(1329년~1398년)
1360년 서장관으로 원나라에 가 고려로 돌아오는 길에 목면나무의 씨앗을 가지고 돌아왔다.

6. 귀족 중심의 신분 사회를 이루다

고려 이전의 신라 사회는 골품제가 강력하게 자리 잡고 있어 혈통을 신분의 기준으로 삼았다. 신라에서는 신분이 내려갈 수는 있었지만 올라가는 것은 매우 힘들었다.

고려 사회는 개인의 능력보다는 소속된 가문의 배경이 중시된 신분제 사회였다. 그렇지만 신분의 상하 이동이 신라보다 어느 정도는 가능한 사회였다. 고려의 신분 구성은 시대에 따라 약간의 차이는 있었지만, 대략 귀족과 중류층, 그리고 양민과 천민으로 구성됐다.

1) 귀족, 지배층의 중심을 이루다

고려 지배층의 핵심은 귀족이었다. 귀족 세력은 대개 왕족을 비롯하여 5품 이상의 고위 관료를 말한다. 이들은 정치적으로는 과거와 음서, 경제적으로는 과전과 공음전, 다수의 노비를 소유한 특권층이었다. 귀족은 대대로 고위 관직을 차지하여 문벌 귀족을 형성했으며, 고려 사회를 이끌어 갔다.

중앙 관직에 진출한 집안은 귀족 가문으로 자리잡기 위하여 재산을 모았고, 유력한 가문과 서로 혼인 관계를 맺었다. 사실 귀족들이 사돈 맺기를 가장 원하는 집안은 왕실이었다. 왕실의 외척이 된다는 것은 가문의 영광일 뿐만 아니라 권력을 장악할 수 있는 지름길로 여겨졌다.

2) 중류층, 또 다른 지배층을 이루다

고려의 지배층과 피지배층 사이에는 중류층이 자리 잡고 있었다. 이들은 지배 기구의 말단 행정직을 맡은 하급 관리들을 주로 말한다. 이밖에 중앙 관청의 말단 서리인 잡류, 궁중 실무 관리인 남반, 지방 행정의 실무를 담당한 향리, 직업 군인으로 하급 장교인 군반, 지방의 역(驛)을 관리하는 역리 등이 있었다.

중류층에서 가장 핵심적인 신분은 향리였다. 이들은 과거를 통하여

남반
고려 시대 궁궐에서 숙직하고 임금을 따르던 내시관직이다. 이들은 임금의 명령을 전달하거나 의장 등의 일도 맡아 보았다. 남반이란 문무 양반에 임금의 동쪽과 임금의 서쪽에 위치하는 것과 달리 남반은 남쪽에 위치한다고 해서 붙여진 이름이다.

벼슬에 나아가 신진 관료가 됨으로써 귀족의 대열에 들 수 있었으나 중앙 귀족에서 낙향하여 향리로 전락하는 경우도 많았다. 그러나 대부분은 고려 건국 후에 지방을 자치적으로 다스리던 호족들이 점점 힘이 약해지다가 지방관이 파견되는 시기와 때를 같이하여 향리로 자리매김하는 경우가 많았다.

향리는 비록 수령을 보좌하는 말단 행정실무자였지만 그 지역을 통치하던 호족의 후예답게 그곳의 지도자 역할을 했다. 이들은 조세·공물·노동력 징발과 같은 공무를 집행했고, 전쟁이 일어나면 주민을 이끌고 전투에도 참여했다.

향리들은 불탑 만들기 등 각종 불교 행사를 주도하고 지역 수호신인 성황신이나 산신에 대한 제사도 주관했다. 향리들의 자제는 과거를 통해 중앙 관료로도 진출할 수 있었기 때문에 이들의 지위는 조선의 향리들이 누렸던 것보다는 더 높았다.

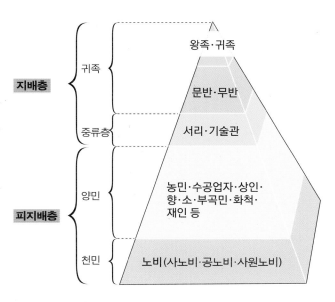

3) 양민, 농업과 상공업에 종사하다

양민은 일반 주·부·군·현에 거주하면서 농업이나 상공업에 종사하는 사람을 말하는데, 대부분이 농민들이었다. 농업에 종사하는 양민들을

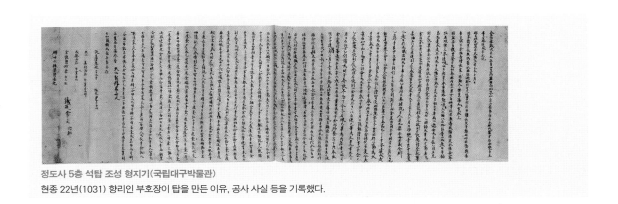

정도사 5층 석탑 조성 형지기(국립대구박물관)
현종 22년(1031) 향리인 부호장이 탑을 만든 이유, 공사 사실 등을 기록했다.

백정(白丁)이라고도 하는데, 이들은 조세·공납·역의 세금을 져야 했다.

고려 사회에서는 양민들 중에 일반 군과 현에 사는 사람들보다 향·부곡·소(所)라는 곳에 사는 주민들이 더 많은 세금 부담을 져야 했다. 이곳에 사는 사람들은 다른 지역으로 옮기는 것도 원칙적으로 금지되어 있었다. 향이나 부곡에 사는 사람들은 주로 농사를 지었고, 소에 사는 사람들은 수공업에 종사하면서 주로 중앙 정부에서 필요로 하는 각종 물품을 생산하여 공급했다.

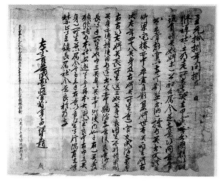

순천 송광사 고려 고문서(전남 순천)
수선사에 소속되어 있는 노비들에 대해 기록하고 있는 문서이다.

4) 천민, 사람 대접을 못받다

천민의 대다수는 노비였다. 노비는 공공 기관에 속하는 공노비와 개인이나 사원에 속하는 사노비가 있었다. 공노비에는 궁궐과 중앙 관청이나 지방 관아에서 잡일에 종사하면서 급료를 받고 생활하는 입역 노비와 관청 이외의 지역에 살며 농업에 종사하는 외거 노비가 있었다. 외거 노비는 농사를 지어 얻은 수입 중에서 일정액을 관청에 내야만했다.

더 알아보기

노비의 신분 향상

평량은 본래 평장사 김영관의 집 종으로 견주(현 양주)에 살면서 농사에 주력하여 부유하게 되자 권력을 가진 고관에게 뇌물을 주어 천인의 신분을 면하고 양민으로 되었으며 산원 동정 벼슬까지 얻었었다. 그의 처가 바로 왕원지의 집 여종이었는데, 원지는 가세가 기울어 가족을 데리고 여종에게 가서 의탁하고 있었다. 평량은 후한 대우로써 원지를 위로하면서 서울로 돌아가라고 권유한 다음 몰래 자기의 처남인 인무, 인비 등과 함께 도중에 기다리고 있다가 원지 부부와 아이들을 살해하였다. 평량은 속으로 기뻐하기를 상전이 없어졌으니 영원히 양민으로 될 수 있다 하여 자기 아들 예규에게 대정 벼슬을 얻어 팔관보 판관 박유진의 딸에게 장가를 보내고 또 처남 인무는 명경 학유 박우석의 딸에 장가를 보냈다. 내막을 아는 사람들은 누구나 다 통분히 여기더니 이때에 이르러 어사대에서 그들을 체포하여 문초한 다음 평량은 귀양을 보내고 유진과 우석의 벼슬을 파면시켰다. 인무, 인비, 예규 등은 모두 도망쳐 숨어 버렸다.

『고려사』 권20, 명종 18년

사노비는 솔거 노비와 외거 노비로 구분된다. 솔거 노비는 귀족이나 사원에서 직접 부리는 노비로서 주인 집에 살면서 잡일을 했다. 외거 노비는 주인과 따로 사는 노비로 일정량의 곡식이나 포를 신공의 명목으로 주인에게 바쳤다.

외거 노비는 주인의 토지뿐만 아니라 다른 사람의 토지도 소작할 수 있었고, 노력에 따라서는 자신의 토지도 소유할 수 있었다. 이처럼 외거 노비는 비록 신분상으로는 주인의 재산처럼 여겨졌지만, 경제적으로는 양민 백정과 마찬가지로 자기 재산을 가질 수 있었다. 그리하여 외거 노비 중에는 경제적으로 성공하여 자신의 신분을 높인 경우도 있었다.

원래 노비는 재산으로 여겨져 국가에서 엄격히 관리했다. 노비는 사고팔거나, 부모가 자녀에게 물려주기도 했는데, 귀족들은 노비를 늘리기 위하여 부모 중의 한쪽이 노비이면 무조건 그 자식도 노비가 되게 했다.

한편, 역과 진의 주민은 각각 육로 교통과 수로 교통에 종사했다. '신량역천(身良役賤)'이라 해서 신분은 양민이지만 천한 일을 하던 사람들도 있었다. 신량역천에는 화척·진척·재인 등이 있었는데, 이들은 일반 양민들보다 천시받았다.

화척
도살업 등의 천한 직업에 종사하던 무리이다.

진척
나룻배를 부리던 뱃사공이다.

재인
노래와 춤과 줄타기를 업으로 하는 광대를 말한다.

7. 사람들의 생활 모습은 어떠했을까?

1) 사람들은 이렇게 살았다

농민들은 함께 농사일을 하고, 여러 마을 행사들을 함께 치르면서 공동체 의식을 다지며 살았다. 공동체 조직의 대표적인 것이 불교의 신앙 조직이었던 향도(香徒)였다. 향도는 여러 가지 공동 목적을 달성하기 위해 결성된 조직체였다. 이들은 불상과 석탑·종·사찰을 세우기도 하고, 내세에 미륵불의 세계에 태어날 것을 염원하면서 향을 산의 계곡물과 바닷물이 만나는 지점에 묻는 매향 활동을 했다. 이들의 활동은 주로 불교 신앙 활동이 대부분이었다.

시간이 점차 지나면서 향도는 단순히 불교를 믿는 사람들의 신앙 공동체 모임에서 농사일·혼례·장례·민속 신앙과 관련된 마을 제사 등 공동체 생활을 함께 하기 위한 농촌의 상부상조하는 조직으로 발전하였다. 그러나 고려 후기로 가면서 정치가 어지러워지면서 농민들은 귀족들과 사원의 횡포에 고통을 겪었다.

2) 남녀가 동등한 권리를 누렸다

가족 제도는 기본적으로 대가족 제도를 유지했으나 남녀 간의 차별은 크지 않았으며 여성도 남성과 다를 바 없는 대접을 받았다. 결혼한 후에도 남성과 여성은 부부로서 비슷한 지위를 누리며 가정 생활을 했다. 여성에 대한 차별이 심해진 것은 오히려 조선 시대 중기 이후부터이고, 고려 시대 여성의 권리는 남성과 거의 비슷했다.

고려 여성들은 재혼도 비교적 자유로웠고 재산 상속이나 부모 제사에 대한 책임도 남성과 차별이 없었다. 더욱이 가문이 좋은 사람에게 관료가 될 수 있는 혜택을 주던 음서 또한 사위나 외손자에게까지 그 혜택이 미쳤었다. 또 공을 세울 경우 부모는 물론, 장인과 장모도 함께 상을 받았다.

대략 고려 시대에는 남자는 20세 전후, 여자는 18세 전후에 혼인을 했다. 고려 초에 왕실에서는 정략적인 목적에 따라 왕실 간의 근친혼이 많이 이루어지자, 중기 이후 근친 간의 결혼을 금지하기도 했다. 그런데 근친 간에 혼인을 하던 풍습은 쉽게 사라지지 않았다. 혼인 형태는 보통 남편이 한 명의 아내를 얻는 일부일처제가 일반적이었다.

이러한 고려 사회의 가정 생활 모습은 고종 때 관료인 손변의 기록을 보면 확인할 수 있다. 부모의 유산 때문에 생긴 남매 간의 재판을 지혜롭게 해결했던 손변의 이야기를 통해서 당시 아들과 딸이 동등한 권리를 갖고 있었음을 알 수 있다.

손변의 기록
손변이 지방의 원님으로 있을 때 어느 남매에게 부모의 재산을 똑같이 나누어 갖도록 재판한 사실을 말한다.

3) 백성의 안정을 위해 복지 정책을 펴다

고려 시대의 농민들은 조세·잡역 등과 같은 여러 가지 부담을 졌다.

국가에서는 농민들이 안정된 생활을 하는 것이 나라를 안정시키는 지름 길임을 알고, 농민들을 위한 여러 가지 일을 했다.

정부에서는 농사일로 바쁠 때는 농민들을 잡역에서 빼주어서 농사일에 집중할 수 있도록 배려했다. 자연재해를 입은 농민에게는 그 피해 정도에 따라 조세와 부역을 감면해 주었다. 또, 규정 외의 높은 이자를 받는 고리대 때문에 농민들이 몰락하는 것을 막기 위하여 법으로 이자율을 정하고 이자가 빌린 곡식과 같은 액수가 되면 그 이상의 이자를 받지 못하도록 했다.

고려의 사회 제도 중에는 평시에 곡물을 쌓아두었다가 흉년에 빈민을 구제하는 의창이 있었는데, 이는 고구려의 진대법과 유사한 것이었다. 또, 개경과 서경 및 각 12목에는 상평창을 두어 물가의 안정을 꾀하여 백성들이 안심하고 생업에 종사할 수 있도록 노력했다.

진대법
고구려때 실시한 우리나라 최초의 빈민 구제 제도이다. 고국천왕때 을파소의 건의로 실시되었다.

더 알아보기

손변의 재산 상속 재판

손변은 재임 때 어떤 남매간에 송사가 벌어졌다. 남동생은, "같은 뱃속에서 나왔는데 어찌 누이만 부모의 재산을 차지하고 동생에게는 하나도 나누어주지 않소?" 하고 주장했고, 누이는, "아버지가 돌아가시면서 집안의 재산을 모두 나에게 주었고, 너의 것이라곤 검은 옷 한 벌, 검은 관 하나, 미투리 한 켤레, 종이 한 묶음뿐이다. 문서가 구비되어 있는 터에, 어찌 어길 수 있겠는가?"라며 반박하였다.

여러 해가 지나도록 수령들이 그 송사를 처결하지 못했는데, 손변이 두 사람을 불러 앞에 세우고, "너의 아버지가 죽을 때 어머니는 어디 있었느냐?"고 물으니, 먼저 죽었다고 대답하였다. 아버지가 죽을 당시 두 사람의 나이를 묻자, 그 때 누이는 이미 시집갔고, 동생은 어린 아이였다고 대답하였다. 손변이 답변을 듣고 난 후 그들을 타일렀다. "자식에 대한 부모의 마음은 꼭 같은 것인데, 어찌 나이 들어 시집간 딸에게는 후하고 어미 잃고 아직 어린 자식에게는 박하겠는가? 아비 생각에, 아이가 의지할 곳은 누이뿐인데 만약 재산을 누이와 꼭 같이 나누어준다면 누이의 사랑이 혹시 지극하지 않고 그를 양육함이 한결같지 않을까 염려한 것이니, 아이가 성장하면 이 종이로 소장을 만든 다음, 치의와 치관에 미투리를 신고서 관가에 가서 하소하면, 능히 가리어 줄 사람이 있을 것이라 생각한 것이다. 아이에게 네 가지 물건만을 남겨준 것은 그 뜻이 아마 이와 같을 것이다." 이 말을 들은 동생과 누이가 감동하여 서로 마주보며 울었고, 손변은 재산을 반으로 나누어 그들에게 주었다.

『고려사』 권102 열전 15 손변

의창(義倉)

내가 듣건대 오직 덕으로 정치를 잘 할 수 있고 정치는 백성을 기르는 데 있으며, 나라는 백성으로 근본을 삼고 사람은 먹는 것으로 하늘을 삼는 것이다. 우리 태조께서 흑창(黑倉)을 설치하여 가난한 백성에게 대여하는 것을 법으로 삼았다. 지금 백성은 점점 늘어나는 데도 저축은 많지 못하니 쌀 1만 석을 더 보태고 이름을 의창이라 고치겠다. 또 여러 주·부에도 각기 의창을 설치하고자 하니 맡은 관원은 그 지역 인구와 호구의 많고 적음과 창고에 있는 곡식의 수량을 조사하여 아뢰어라.

『고려사』 권80, 「지」 34, 식화 3, 상평의창

상약국에서 사용한 청자상감 그릇(한독의학 박물관)

구제도감
고려 시대 환자의 치료와 죽은 사람을 매장하던 임시 관청을 말한다.

구급도감
백성들의 재난을 구할 목적에서 설치한 임시관청을 말한다.

의료 정책으로는 가난한 백성이 의료 혜택을 받도록 개경에 동·서 대비원을 설치하여 환자 진료 및 빈민 구휼을 담당하게 했고, 약국으로 혜민국을 두었다. 또한, 각종 재해가 발생했을 때, 구제도감이나 구급도감을 임시 기관으로 설치하여 백성의 구제에 힘썼다. 그리고 따로 재물을 마련한 뒤 그 이자로 빈민들을 돕는 제위보를 설치하기도 했다.

고려 시대에 재판은 전통적으로 내려오는 일상생활 규칙인 관습법에 따라서 진행했다고 한다. 죄를 지은 자는 태(회초리)·장(곤장)·도(징역)·유(귀양)·사(사형)의 5가지 형벌(5형)을 받았다. 죄의 종류 중에는 나라에 대해 반란을 꾀하는 것이 가장 큰 죄였고, 불효를 저질러도 큰 처벌을 받았다고 한다.

형벌의 종류

태형	회초리로 볼기를 치는 형벌
장형	곤장으로 볼기를 치는 형벌
도형	징역
유형	귀양
사형	목을 매달아 죽이는 형벌(교형), 목을 베어 죽이는 형벌(참형), 기타 사지를 찢는 형벌(거열형) 등

皇統六年丙寅正月二十八日戊戌漢南崔婁伯之
妻峯城縣君廉氏卒於里第殯于順天院二月□
寅火攅于京城北朴宂西北崗紙骨權安于京城東
清渭壽世三年戊辰月十七日祔於園孝院東北君墓□
側妻伯誌其墓曰君諱璸寧郡大夫人沈氏君年二十五歸于我
婦漁公德方之女也世冝郡大夫人沈氏君年二十四曰端于我
生六子男曰端仁二曰端衡三曰端禮楫志學子唯大夫人崔氏亡還在
室三曰順妻崑羲鏡謹識守睦大義喜容
功行出人之君女琓慶母昆嫁克勤婦道先意承曰
孝養吾夫人所入親父母既得其情人其不此
多工昔我此許具於中原不憚跋涉偕至于千里或從軍事
守固辰閭麏其正衣藏頂閭官共贊有無此從我于期

염경애 묘지명(국립중앙박물관)

고려 중기 관료이자 효자인 최누백이 죽은 첫 부인 염경애를 위해 지은 묘지명으로 가난한 하급 관료 시절 고생했던 아내를 기억하고 애통해 한 내용이다. 여기에 의하면, 아내가 평소에 말하기를 "뒷날 불행하게도 내가 천한 목숨을 거두고 당신은 많은 녹봉을 받아 잘되더라도 나를 살릴 재주가 없다고 하지 마시고 가난을 이겨냈던 일은 잊지 말아 주세요"라고 하였는데 말을 마치고는 크게 탄식을 한 사실 등을 적고 아내와 함께 묻히지 못한 것에 대한 애통함을 나타내고 있다.

최윤의 묘지명(국립중앙박물관)

고려 중기 문신인 최윤의의 묘지명이다. 최윤의는 해주 최씨로 해동공자 문헌공 최충 이래 대대로 재상을 배출하여 문벌 귀족 가문이 됐다. 또 최윤의는 세계 최초의 금속활자본으로 알려진 『상정고금예문』을 지었다.

양산 통도사 국장생 석표(경남 양산)

거의 자연 암석을 그대로 이용하여 석주에 가까운 형태로 한 쪽 평편한 면을 사용하여 글을 새겼다. 통도사를 중심으로 나라에서 절의 경계 표시를 위하여 세운 석비이다. 선종 2년(1085)에 세운 것으로 이때 통도사 소유의 땅 주위가 4만 7천보나 되었음을 알 수 있다.

〈명문〉

석표는 평편한 바위 1면을 다듬어 새겼는데, 자경(字經) 6~10cm의 크기로 총 네 줄에 걸쳐 해서로 음각되어 있다. 명문의 내용은 "通度寺孫仍川國長生一坐段寺 所報尙書戶部乙丑五月日牒前 判兒如改立令是於爲了等以立 大安元年乙丑十二月日記", 즉 "통도사의 손내천(孫仍川: 솔래천 혹은 聲川里) 국장생 한자리는 절에서 보고한 바에(의해서) 상서호부(尙書戶部)가 을축년 5월 일에 통첩하기를 전(前)의 보고서에 대한 판결[判]과 같이 고쳐 세우게 하라고 하기에 (이에 의해서) 세운다. 대안(大安) 원년(宣宗 2년, 1085) 을축 12월 일에 기록한다."고 기록되어 있다.

예천 개심사지 오층 석탑(경북 예천)

현종 1년(1010) 제작된 탑으로 기단부에 향도 등을 중심으로 만들었다고 기록되어 있다.

칠곡 정도사지 오층 석탑(국립대구박물관)

이 탑의 기단부에는 국가가 평안하고 전쟁이 없으며 농사가 잘되기를 바라는 마음으로 이 탑을 만들었다고 적고 있다.

사천 흥사리 매향비(경남 사천)

매향은 사람이 죽은 후 복을 받기 위해 향나무를 강이나 바다에 묻는 것을 말한다. 이 과정을 기록한 것을 매향비라고 한다.

사상과 문화가 발달하다

하남 하사창동 철조 석가여래 좌상(국립중앙박물관)
일명 '춘궁리 철불'이라고 한다. 통일신라 불상양식을 충실히 계승한 고려 초기의 전형적인 불상이다.

1. 불교를 국교로 삼다

1) 교종과 선종이 유행하다

불교의 나라였던 고려에는 크게 두 가지 종파가 있었다. 똑같은 불교라도 불교에서 말하는 진리를 어떻게 깨달을 수 있는 지에 따라 교종과 선종으로 나눌 수 있다. 교종은 부처님의 말씀을 적어 놓은 경전과 의식을 통하여 불교의 진리를 터득할 수 있다고 믿는 불교 교파이다. 곧 교종은 교리를 강조하는 불교를 말한다. 따라서 교종은 불교 경전을 읽을 수 있고, 교리를 터득할 수 있는 귀족 계급이 주로 믿었다.

한편, 참선과 실천을 통해 불교 진리를 터득할 수 있다는 선종이 삼국 통일 무렵 우리나라에 들어오게 됐다. 선종은 석가모니(부처)가 제자들을 가르칠 때 말없이 꽃을 들자 제자인 가섭만이 이심전심으로 부처의 뜻을 알았다는 데서 비롯됐다고 한다. 우리나라에는 9세기 초에 이르러서 크게 유행했는데, 신라의 선종은 참선을 통해 자기 내에 있는 불성을 깨치기 위해 노력했다. 그래서 수행 방법으로 깊숙한 산 속에서 인연을 끊고 생각에 잠기는 좌선(坐禪)을 중시했다.

선종 사상은 지방 호족들에게 큰 인기를 끌었다. 교종을 믿던 신라 중앙 귀족들에 맞서 지방 호족들은 선종을 자신들의 종교로 삼았다. 지방의 몇몇 호족들은 선종을 주위 지방 세력들에게 전하여 이들을 자신의 편으로 만들어 나갔다.

고려는 태조가 남긴 훈요 10조에서 불교를 강조했고 광종 때부터는 승과 제도를 실시하여 합격한 자에게는 벼슬인 승계를 주고 승려의 지위를 보장했다. 또, 뛰어난 승려는 나라와 임금의 스승으로 우대하는 국사와 왕사로 삼음으로써 불교의 권위를 높였다. 사원(절)에는 나라에서 토지를 주고, 승려들에게는 세금과 군대에 가지 않아도 되는 특혜를 주었다. 이렇듯 고려는 누가 뭐라 해도 불교의 나라였던 것이다. 교종과 선종은 고려에 들어오면서 점차 서로 경쟁하게 됐다. 광종은 이러한 경쟁을 막고자 불교 통합에 노력했지만 서로의 갈등은 멈추지 않았다.

국사와 왕사
국사는 덕행이 높은 고승에게 준 최고의 관직이고 왕사는 임금의 스승을 지칭한다.

불교 국가인 고려에서 왕실이나 귀족들은 수많은 사찰을 건립했다. 그들이 사찰에 자신들의 토지 일부를 바치면서 많은 토지와 노비를 소유하였다. 고려 후기에 접어들어 사원에서는 상업활동을 하고 고리대금업까지 하여 사회 문제를 불러일으키기도 했다.

2) 팔관회와 연등회가 열리다

불교는 고려 초기부터 국가의 지원을 받으며 크게 발전했다. 태조는 불교를 적극 지원하는 한편, 유교 이념과 전통 문화도 함께 존중했다. 그는 개경에 여러 사원을 세웠고, 훈요 10조에서 불교를 숭상하고 연등

> **더 알아보기**
>
> ### 연등회
>
> 현종 원년 윤2월에 연등회를 다시 열었다. 우리나라 풍속에 왕궁과 수도로부터 지방의 향(鄕)·읍(邑)에 이르기까지 정월 보름에는 이틀 밤에 걸쳐 연등하여 왔다. 그러나 성종이 이것은 분잡하고 상도(常道)가 아니라 하여 폐지하였던 것을 이때에 와서 다시 열게 하였던 것이다. 2년 2월 청주 행궁에서 연등회를 다시 열었다. 그 후부터는 2월 보름에 연등하는 것이 일반적으로 되었다. 문종 2년 2월 갑신일에 연등하였는데 보름날 계미일이 한식이었으므로 이날에 연등하였다. 공민왕 23년 정월 임오일에 연등하였다. 처음 태조는 정월에 연등하였고 현종은 2월에 연등하였는데, 이번에 해당 기관에서 공주(公主)의 기일(忌日)에 해당한다 하여 다시 정월로 고칠 것을 청하였다.
>
> 『고려사』 권69, 「지」23, 예 11
>
>
> 통도사(경남 양산) 연등

회와 팔관회 등 불교 행사를 성대하게 개최할 것을 당부했다.

팔관회는 신라 때부터 행하던 불교 의식의 하나로 고려시대에 이르러 연등회와 함께 국가의 2대 의식의 하나로 되었다. 생명을 죽이거나 사치하는 등 불교에서 금지하는 것들을 하지 않겠다고 서약하는 의식이었다. 이러한 팔관회가 점차 고려의 종합적인 종교 행사이며 축제로 자리 잡아 갔다. 그렇게되자 팔관회는 외국의 송나라 상인이나 여진 및 탐라(제주)의 사절단이 와서 축하 선물을 바치는 국제적 행사로까지 발전했다. 말 그대로 온 나라의 축제였던 것이다.

연등회는 등을 달아 세상을 밝힘으로써 힘든 현실 세계를 밝게 비추어 주는 부처의 공덕을 기리는 행사이다. 연등회 역시 고려의 큰 불교 행사로 자리잡았다.

이처럼 고려 사람들은 팔관회, 연등회 등의 불교 행사를 통해 현실 사회의 어려움과 즐거움을 나누었다. 또, 군신과 백성들이 어우러져 행사를 함으로써 고려 사회가 통합되는 계기를 마련했다.

3) 대각 국사 의천, 천태종을 만들다

광종 때 교종과 선종을 통합하고자 한 노력이 커다란 성과를 보이지 못하자 문종의 왕자로서 승려가 된 대각 국사 의천이 교단 통합 운동을 펼쳤다. 의천은 송나라 해인고려사(중국 항저우에 있는 절)로 건너가 불교를 배웠고, 불교 서적 3,000권을 가지고 귀국했다. 이어 수도 개경에 있는 흥왕사의 주지가 되어 천태교학을 정리하고 제자들을 양성했다. 또 흥왕사에 교장도감이란 기구를 설치하여 『신편 제종교장총록』이라는 책을 만들었다.

의천은 교종과 선종을 함께 중요시하되, 교종을 중심으로 선종을 포용하려는 '교관겸수(敎觀兼修)'를 주장했다. 교관겸수는 이론과 실천을 함께 강조한 불교 통합 사상이다. 그는 화엄종을 중심으로 교종에 속한 여러 종파를 하나로 모으려고 했고, 또 선종을 통합하기 위하여 국청사를 창건하여 천태종을 만들기도 했다.

팔관회
고려 시대에도 유교가 성하던 성종 때를 제외하고는 연등회와 함께 국가의 2대 의식의 하나로 중요시됐다. 팔관회는 개경과 서경에서만 행해졌는데 고려 말까지 국가 최고의 의식이었다. 강화도에 천도한 시기에도 이 의식이 행해졌으나 조선이 건국되면서 철폐되었다.

연등회
불교 의식으로 어둠을 밝혀주는 등불을 세상을 밝히는 지혜에 비유하는 매우 중요한 의식이다.

대각 국사 의천(1055년~1101년)
문종의 아들로서 11세기에 종파적 분열을 보이던 불교계를 통합하려는 교단 통합 운동을 펼쳤다. 흥왕사를 근거지로 삼아 화엄종을 중심으로 교종을 통합하려 했으며, 선종을 통합하기 위하여 국청사를 창건하여 천태종을 창시했다. 의천은 교·선의 통합을 위한 사상적 바탕으로 이론과 실천을 함께 강조하는 교관겸수(敎觀兼修)를 제창하기도 했다.

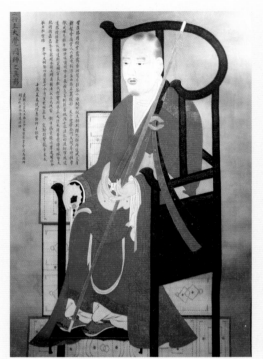

대각 국사 의천(1055년~1101년)

보조 국사 지눌(1158년~1210년)

영통사 대각 국사 비(개성)

진각 국사 혜심(1178년~1234년)

해인고려사(중국 항저우)
의천이 중국에서 유학하던
절이다.

송광사 전경(전남 순천)
신라 때 세워진 사찰로 고려 명
종 때 보조국사 지눌이 수선사
라 칭하고 도와 선을 닦으며 큰
사찰이 되었다.

백련사(전남 강진)
만덕사라고도 해. 839년(문성왕 1) 무염이 창건했다. 만덕산 백련사라고 불렀으나 조선 시대에 들어서는 만덕사로 불렀다가 근래 백련사라고 부
르게 됐다. 고려 시대에 요세에 의해 사찰의 교세가 확장됐다.

4) 지눌, 결사 운동을 주도하다

1170년 무신 정권이 세워지자 기존의 문벌 귀족과 긴밀한 관계를 유지하던 불교계는 교종을 중심으로 저항했다. 이에 무신 세력은 기존의 문벌 귀족들이 주로 믿던 교종 대신 선종을 자신들이 후원하는 종교로 삼았다.

무신들이 정권을 차지한 이후 불교계에서는 불교 본연의 자세를 굳건히 세우자는 신앙 결사 운동이 일어났다. 결사(結社)란 특정한 목적을 이루기 위해 결합하는 단체를 말한다. 그 중심에 지눌이 있었다. 그는 불교계의 타락상을 비판하면서 승려 본연의 자세로 돌아가 경전을 읽고 수행을 게을리 하지 않으며, 노동에 고루 힘쓰자는 개혁 운동을 제창했다. 이것이 수선사 결사 운동이다.

송광사에 중심을 둔 수선사 결사 운동은 개혁적인 승려들과 지방민들의 적극적인 호응을 받아 활발하게 전개됐다. 이처럼 지눌이 수선사를 열면서부터 조계종이 흥성하게 됐다. 그리하여 고려 후기에 이르러서는 선종이 불교계의 중심적인 종파가 되어 이름난 승려를 많이 배출했다.

지눌은 선(선종)과 교학(교종)이 근본에 있어 둘이 따로 나뉘지 않는다는 '정혜쌍수(定慧雙修)'를 내세워 철저한 수행을 강조했다. 또, 깨달음을 얻기 위한 노력과 깨달음의 꾸준한 실천을 강조한 '돈오점수(頓悟漸修)'를 주장했다. 선종을 중심으로 교종을 포용하여 교와 선의 대립을 극복

조계종
신라말 9산 선문으로 이어지는 선법을 이어 받은 종파로 지눌이 수선사 운동을 계속해 나감으로써 중흥되었다.

돈오점수(頓悟漸修)
'돈오'로 마음이 곧 부처임을 깨달았다고해서 이전의 나쁜 버릇이나 습관이 일시에 없어지지 않으므로 '점수'로서 점차적으로 닦아 나가 바르고 옳은 경지에 이르러야 한다는 뜻이다.

더 알아보기

지눌의 정혜결사문(定慧結社文)」

지금의 불교계를 보면, 아침 저녁으로 행하는 일들이 비록 부처의 법에 의지하였다고 하나, 자신을 내세우고 이익을 구하는 데 열중하며, 세속의 일에 골몰한다. 도덕을 닦지 않고 옷과 밥만 허비하니, 비록 출가하였다고 하나 무슨 덕이 있겠는가? …… 하루는 같이 공부하는 사람 10여 인과 약속하였다. 마땅히 명예와 이익을 버리고 산림에 은둔하여 같은 모임을 맺자. 항상 선을 익히고 지혜를 고르는 데 힘쓰고, 예불하고 경전을 읽으며 힘들여 일하는 것에 이르기까지 각자 맡은 바 임무에 따라 경영한다. 인연에 따라 성품을 수양하고 평생을 호방하게 고귀한 이들의 드높은 행동을 좇아 따른다면 어찌 통쾌하지 않겠는가?

「권수정혜결사문」

하고자 한 지눌의 생각은 선종과 교종을 통합하는 데 큰 영향을 주었다.

지눌의 결사 운동은 그 이후에도 계속됐다. 지눌의 뒤를 이은 진각 국사 혜심은 유교와 불교의 일치설을 주장하며 심성(心性)을 갈고 닦아야 한다고 주장했다. 그는 최우를 비롯한 무인 세력과 왕실, 유학자 세력들을 연결하여 교단을 크게 발전시켰다. 최우는 그의 아들 만종(후에 최항으로 이름을 바꿈)과 만전을 불교에 귀의시켜 혜심에게 가르침을 받도록 하기도 했다. 한편, 천태종 승려였던 요세는 만덕사에서 백련결사를 열어 수선사와 함께 고려 후기의 불교계를 이끌었다.

이러한 노력에도 불구하고 원 간섭기에 이르러 불교 개혁 운동의 의지가 약해졌고, 불교 교단이 귀족 세력과 연계되어 불교계는 다시 폐단을 드러내었다. 사원은 막대한 토지를 소유하고 상업과 고리대금까지 손을 대며 부패가 심해졌다. 이에 교단을 정비하려는 노력이 있었으나, 성과를 거두지 못했다. 이 시기 성리학을 받아들인 신진 사대부는 이와 같은 불교계의 사회·경제적인 폐단을 비판했다.

천태종과 조계종

	천태종	조계종
창시자	의천	지눌
융성 시기	문벌 귀족 사회	무신 집권기
교리	교관겸수	정혜쌍수 · 돈오점수
특징	교종 입장에서 선종 통합	선종 입장에서 교종 통합
중심 사찰	국청사	송광사

2. 유교·도교와 풍수지리설이 어우러지다

1) 불교와 함께 유교도 발전하다

고려 시대에는 불교와 함께 유교가 발전했다. 유교는 정치를 하는 데 필요한 사상으로, 불교는 신앙 생활과 관련하여 자신을 수양하는 종교로 함께 발전할 수 있었다. 고려 사회에서 유교는 당시 사회의 여러 잘못된 점을 개혁하고, 나라를 운영하는 근본 사상으로서 역할을 해나갔다.

태조 때에는 신라 때 당나라에서 유학을 배워온 여러 학자가 유교에 따라 나라를 다스리기를 건의했다. 이어 광종 때에는 유학을 과목으로 하는 과거제도를 실시하여 유교 소양을 지닌 사람들을 관리로 뽑았다.

성종 때에는 유교 정치 사상이 더욱 굳건해져, 유학을 가르치는 오늘날의 대학이라 할 수 있는 국자감을 세우기도 했다. 이 시기의 대표적 유학자는 최승로였다. 그는 시무 28조의 개혁안을 올리고, 유교 정치 이념으로 나라를 다스리는 근본으로 삼아 사회를 바꿔나가고자 했다.

점차 고려 사회가 문벌 귀족 사회로 변하여 가면서 유교 사상도 보수적인 성향으로 바뀌어 갔다. 이 시기의 대표적 유학자는 김부식과 최충이었다. 인종 때 활약한 김부식은 고려 중기의 보수적이면서 현실적인 성향의 유학자를 대표한다. 이 시기의 유학은 시문(詩文)을 중시하는 귀족 취향의 경향이 강했고, 유교 경전에 대한 전문적 이해가 깊어져 한층 성숙해졌다.

2) 원나라로부터 새로운 유학으로, 성리학을 받아들이다

고려 후기에는 새로운 유학이라 할 수 있는 성리학이 원나라로부터 들어오면서 사상계뿐만 아니라 정치·경제·사회·문화의 각 부분에 걸쳐 영향을 주었다. 남송의 주희가 유학자들의 성과를 정리하여 만든 성리학은 유교 경전의 문장들을 해석하는 데 힘쓰던 예전의 유학과는 달랐다. 즉 인간의 심성과 우주의 원리 문제를 철학적으로 탐구하는 새로운 학문이었다.

고려에 성리학을 처음 소개한 사람은 충렬왕 때 안향이었다. 안향과 더불어 이제현은 원에 설립된 만권당에서 원의 학자들과 교류하면서 성리학에 대한 이해를 깊게 했다. 그는 귀국한 후에 이색 등의 유학자들에게 영향을 주어 성리학을 널리 알렸다.

충목왕 4년에는 성리학의 기본 책인 사서(논어·맹자·대학·중용)가 과거 과목으로 채택됨으로써 성리학은 더욱 발전할 수 있었다. 공민왕 때는 이색이 정몽주·권근·정도전 등의 이름난 성리학자들을 키워냈고, 이들은 하나의 정치 세력으로 성장해 갔다.

성리학을 수용한 사람은 대부분 신진 사대부였다. 이들은 중앙에 진

주희(1130년~1200년)
성리학의 집대성자로 주자라고도 불리는데 철학뿐만 아니라 역사에도 깊은 관심을 가졌다. 그의 성리학은 오랫동안 동아시아의 지식인 사회를 지배했다. 특히 그의 사상은 조선 사회에 많은 영향을 미쳤다.

만권당
충선왕이 원나라 수도인 연경(북경)에 세운 서재로 원나라의 학자 조맹부와 고려의 학자 이제현 등이 이곳을 통해 교류하면서 학문을 닦았다.

안향(1243년~1306년)
고려의 유학자로 주자성리학을 처음 전한 사람이다. 이 초상화는 고려 시대에 그린 것을 조선 중기에 다시 모사한 것이다. 소수서원에 있다.

이제현(1287년~1367년)
고려 후기 관료 학자로 과거에 합격 여러 벼슬을 지냈다. 충선왕의 요청으로 원나라 만권당에 머물면서 원나라 학사들과 어울렸다.

출하면서 불교의 잘못된 점들을 지적하며 고칠 것을 주장했고, 정부가 추진하는 개혁에도 적극 참여했다. 또 이들은 현실 사회의 모순을 고치기 위한 개혁 사상으로 성리학을 받아들였으며, 성리학을 정치를 넘어 일상생활의 중심 사상으로 삼고자 하였다. 이후 조선이 건국되면서 성리학이 새로운 국가의 지도 이념으로 발전했다.

3) 도교와 풍수지리설이 유행하다

고려 시대에는 정부가 앞장서 왕실과 나라의 복을 빌고 재난이 없어지도록 도교 행사를 치렀다. 수도 개경에는 도교 사원이 있어 도사들이 제사를 담당하였다.

도교는 늙지 않고 오래 사는 불로장생과 현세에서 복을 비는 현세 구복 신앙을 특징으로 하는 종교이다. 예종 때 도교 사원이 처음 세워진 이래로, 개경을 비롯한 전국 여러 곳에서 하늘과 별에 제사를 지내는 행사가 열렸다. 국가적으로 이름난 불교 행사인 팔관회에서도 도교와 민간 신앙이 어울어져 진행됐다.

풍수지리설은 미래의 길흉화복을 예언하는 도참 사상이 더해져 고려 시대에 크게 유행했다. 풍수지리란 산과 하천의 위치가 모든 것을 잘 되게 만드는 강력한 힘이 있어 그것이 국가나 인생에 큰 영향을 준다는 사상이다. 산이 많고 하천이 굽어 흐르며, 분지가 발달한 우리나라 지형의 특징상 땅의 위치와 관련한 풍수지리설이 오래전부터 발달해 왔다.

신라 말 선종 출신의 승려 도선은 우리나라 전역을 답사한 경험을 토대로 각종 비기를 남겼다고 한다. 그의 사상은 고려에도 이어져 개경과

비기
사람들의 길흉화복이나 국가의 장래에 관해서 예언적으로 밝혀놓은 기록을 말한다.

도선(827년~898년)
선종 출신의 승려로 우리나라 전역을 답사한 경험을 토대로 각종 비기를 남겼다. 그의 사상은 고려에도 이어져 고려 초기에는 개경과 서경이 명당이라는 설이 유포되어 서경 천도와 북진 정책 추진의 이론적 근거가 됐다.

청자 사람 모양 주전자(국립중앙박물관)
두 손으로 하늘의 복숭아(천도)를 들고 머리에 쓴 관으로 보아 도교와 관련된 사람을 나타낸 주전자이다.

서경이 명당이라는 설이 사람들에게 알려졌다. 그래서 서경으로 도읍을 옮길 것을 주장하는 사람들과 북쪽으로 영토를 넓힐 것을 주장하는 사람들이 내세우는 이론적 근거가 되기도 했다.

풍수지리설은 정치 경쟁에 이용되어 개경 세력과 서경 세력이 다툰 묘청의 서경 천도 운동의 근거가 되기도 했다. 문종이 나라를 다스릴 때 즈음에는 북진 정책이 점차 사람들의 생각에서 잊혀지면서 새로이 한양이 좋은 땅이라는 남경 길지설이 퍼져, 한양을 남쪽 수도란 뜻에서 남경이라 높이고 궁궐을 지어 임금이 머물기도 했다. 이처럼 풍수지리설은 궁궐을 지어 도읍을 정하거나 옮길 때 매우 중요한 이론적 배경이 되었다.

3. 학교를 세워 유학을 가르치다

1) 국립 교육 기관을 세우다

고려 시대에는 관리 양성과 유학 교육을 위하여 많은 학교를 세우고 교육을 장려했다. 이미 태조 때에 개경과 서경에 학교가 있었지만 성종이 최고 교육 기관인 국자감을 설립함으로써 고려 교육의 터전을 마련했다. 이밖에도 동·서 학당과 10학이 있었으며 지방에는 최초로 태조에 의해 설립된 서경학교와 향교가 있어 지방 관리들의 자식들과 일반 서민들의 자식들을 가르쳤다.

국자감은 인종 때 『효경』과 『논어』 등을 배우는 국자학·태학·사문학과 잡학인 율학·산학·서학의 기술 교육 기관으로 정비됐다. 각각의 교육과정은 학생들의 자격에 차별을 두어 국자학에는 문무관 3품 이상의 관료 자제가, 태학은 5품 이상의 관리 자제가, 사문학에는 7품 이상 관리의 자제가 입학했으며, 기술학에는 8품 이하 관리나 서민의 자제가 입학했다. 국자감은 예종 때 전문 강좌인 국학 7재를 두었는데 여기에서 무학(무예) 교육을 실시하기도 했으나, 곧 폐지되었다.

국자감
중앙에 설치된 국립대학격인 국자감은 성종이 "경치 좋은 곳을 택하여 학교를 크게 세우고 적당한 토지를 주어서 학교의 식량을 해결하며 국자감을 만들라"는 명령이 있은 후 설치됐다.

국자감

	학부	학과	입학 자격	수업 연한
국자감 (경사 6학)	유학부	국자학	3품 이상 관료의 자제	3~9년
		태학	5품 이상 관료의 자제	
		사문학	7품 이상 관료의 자제	
	잡학부(기술학부)	율학 · 서학 · 산학	8품 이하 관료 및 평민 자제	3~6년

지방 교육 기관이 언제 정비됐는지는 확실하지 않다. 그렇지만 성종 때 12목에 경학박사와 의학박사 각 1인씩을 파견하여 교육을 했다는 기록으로 보아 본격적인 지방 교육은 이 때 갖춰졌다고 짐작할 수 있다.

2) 사립 교육 기관인 사학 12도가 들어서다

최충(984년-1068년)
고려의 문신으로 본관은 해주이다. 목종 8년(1005)에 문과에 장원으로 급제하여 벼슬길에 올랐다. 관직에서 물러난 뒤에, 송악산 아래 사학을 열어 인재를 양성했다. 최충의 문하에서 배출된 인물들을 문헌공도라 했고, 그의 뛰어난 학풍을 추앙하여 '해동공자'로 칭송하게 됐다. 이 시기에 11개의 사학이 일어나 최충의 사학을 합쳐 12공도(公徒)라 불리었다.

고려 중기에 이르러 권력을 장악하던 문벌 귀족들은 나라에서 운영하는 교육 기관인 관학보다는 과거 시험을 담당했던 관리들이 만든 사학을 더 선호하였다. 문종 때 '해동공자'로 불리던 최충은 문헌공도라고도 불리는 9재 학당을 세웠다. 9재 학당에서는 유학을 공부하는 9개의 전문 강좌를 만들어 학생들을 가르쳤다.

9재 학당이 크게 융성해지면서 12개의 사학이 생겨났는데, 이를 사학 12도라 하였다. 사학 12도를 만든 사람들은 주로 높은 벼슬을 했던 대학자들이었고, 이들 중에는 과거 시험을 담당하는 지공거에 임명된 사람들이 적지 않았다.

사학에서 교육을 받은 학생들은 과거 시험에서 관학(국자감) 출신들에 비해 좋은 성적을 거두자 귀족들은 자식들을 앞 다투어 사학 12도에 입학시켰고, 그 결과 국자감의 인기가 크게 떨어졌다. 이렇게 사학의 인기가 높아지면서 어느 사학 출신인지, 또 누구를 스승으로 모셨는지로 우열을 따지는 학연과 학풍을 앞세우는 풍조가 생겼다.

이에 정부는 국자감을 비롯한 나라에서 운영하는 교육 기관들을 활성화하기 위해 노력했다. 예종은 최충의 9재 학당을 본따 관학 7재와 장학 재단인 양현고를 두어 국가의 교육 기관들을 발전시키려고 했다. 관학 7재는 9재 학당과 비슷하게 7개의 전문 강좌였는데, 7재 가운데 하나인 무학재는 나머지 6재가 유학을 가르친 것과는 달리 무학(무예) 교육을 담당했다. 이 때 처음으로 나라에서 무신들을 키우는 교육기관을 만들었던 것이다.

또한 궁궐 안에 도서관 겸 학문 연구를 하는 청연각과 보문각을 설치하여 유교 경전를 연구하도록 했다. 예종의 뒤를 이은 인종도 7재 가운데 무학재를 폐지한 경사 6학의 제도를 마련했고, 지방에 학교를 설치하여 학문 보급에 힘썼다.

충렬왕 24년(1298) 때에는 국학을 성균관으로 개칭하고, 공자 사당인 문묘를 새로 세워 유교 교육의 진흥에 나섰다. 공민왕도 성균관을 순수한 유교 교육 기관으로 다시 만들어서 유교 교육을 강화했다.

교동향교 대성전(인천 강화)
1127년(인종 5)에 창립됐으며, 충렬왕 15년(1289) 안향이 왕후를 모시고 원나라를 방문하고 돌아오는 길에 공자와 주자상을 가지고 왔다. 고려에 첫번째로 도착해 배를 댄 곳이 교동도였으므로 문묘를 세우고 화상을 봉안했다고 한다. 교동향교는 우리나라에서 가장 오래된 향교로 창건 당시는 화개산 북쪽에 있었으나 조선 중기에 현재의 위치로 옮겼다.

성균관 명륜당(개성)
국가 최고의 교육기관으로 현재의 건물은 조선 시대에 다시 지었다.

4. 과학 기술이 발달하다

1) 천문학과 의학이 발달하다

고려 시대에는 고대 사회의 전통적 과학 기술을 계승하고 중국과 이슬람의 과학 기술도 받아들여서 과학 기술 분야에서 큰 발전을 이루었다. 최고 교육 기관인 국자감에서는 율학·서학·산학 등의 잡학도 교육했으며, 과거에서도 기술관을 등용하기 위한 잡과가 실시됐다.

고려의 천문학은 천문 관측과 역법 계산을 중심으로 발달했는데, 천문과 역법을 맡은 관청으로서 사천대(서운관)가 설치됐고, 이곳의 관리는 첨성대에서 해와 달, 별 등의 움직임을 살폈다. 그 결과 고려 때에 일식·혜성·태양 흑점 등에 관한 관측 기록이 매우 풍부하게 남아 있다. 이러

한 기록은 원나라를 통한 동서양
의 학술 교류와 관련이 있다. 당시
과학 기술 분야에서 앞서 있던 이
슬람 문명의 천문학이 들어온 것
이다.

고려 첨성대(개성)
개성 만월대 고려 왕궁 터에 있다.

의학도 상당한 수준으로 발달했
다. 의료 업무를 맡은 태의감에서
의학 교육을 실시하고, 의원을 뽑
는 의과를 시행했다. 또 우리나라
의 실정에 맞는 의학으로 향약방
이라는 고려의 독자적 처방이 이루어지게 됐다고 한다. 이리하여 『향약
구급방』을 비롯한 의서가 편찬됐다. 이 책은 우리나라에서 가장 오래된
의서로 1236년(고종 23)에 간행되었는데, 각종 질병에 대한 처방과 국산
약재 180여 종이 소개되어 있다.

2) 화약 제조 기술과 배 만드는 기술이 발달하다

과학 기술의 발달은 국방력 강화에도 큰 기여를 했다. 중국에서는 화
약 제조 기술을 비밀에 붙여서 고려에서는 이를 알 수 없었다. 이에 최무
선은 중국에 기대지 않고 열심히 연구한 결과, 화약 제조법을 터득했다.

고려는 화통도감을 설치하고 최무선을 중심으로 화약과 화포를 제작
하기 시작했다. 화포와 화약 무기의 제조 기술은 급속도로 진전되어 20
종에 가까운 화약 무기가 만들어졌다. 최무선은 이 화포를 이용하여 진
포(금강 어귀) 대첩에서 왜구를 크게 무찔렀다.

배를 만드는 기술도 발달했다. 송과 해상 무역이 활발해짐에 따라 길
이가 96척이나 되는 대형 범선이 제조됐다. 각 지방에서 세금으로 걷은
쌀을 뱃길로 개경까지 운송하기 위해 1,000석의 곡물을 실을 수 있는
대형 조운선도 만들어졌다. 이들 대형 범선은 주로 해안 지방에서 세금
으로 걷은 쌀을 보관하기 위한 조창에 배치됐다.

『향약구급방』
우리나라에 전해져 오는 가장
오래된 의방서이다. 본래 고종
23년 경 강화도에서 『팔만대
장경』을 만들던 대장도감에서
처음으로 간행하였다고 한다.
'향약'은 자기 나라 향토에서
산출되는 약재를 말한다. 고종
때 이 책을 간행하게 된 이유
는 종래에 많이 사용되어 오던
외국산 약재들을 우리나라에
서 생산되는 향약으로 충당하
고자 하였기 때문이다.

3) 인쇄술, 제지 기술이 발달하다

고려 시대의 과학 기술 중에 가장 뛰어났던 것은 인쇄술이었다. 신라 때 발달한 목판 인쇄술은 고려 시대에 이르러 더욱 발달했다. 『고려대장경』의 판목은 고려의 목판 인쇄술이 최고의 수준에 이르렀음을 말해 주고 있다.

목판 인쇄술은 한 가지 책을 다량으로 인쇄하는 데는 적합했지만, 여러 가지 책들을 적은 양으로 인쇄하는 데에는 활판 인쇄술이 더 효율적

최무선(1325~1395) 동상 부분(전북 군산)
우리나라에서 화약과 화약을 이용한 무기를 만들어 사용하였다.

이었다. 그래서 고려에서는 일찍부터 활판 인쇄술의 개발에 힘을 기울였고, 마침내 금속 활자 인쇄술을 발명했다. 이처럼 세계에서 최초로 금속 활자 인쇄술이 발명된 것은 목판 인쇄술의 진전, 주조 기술의 발달, 인쇄에 적합한 먹과 종이의 제조 기술 발달 등이 어우러진 결과였다.

　몽골과 전쟁 중에도 강화도에서 1234년에 금속 활자로『상정고금예문』을 인쇄했다. 이는 서양에서 금속 활자 인쇄가 시작된 것보다 약 200여 년 앞섰다. 이 책은 12세기 인종 때 최윤의 등이 지은 의례서로 강화도에서 28부를 인쇄했다고 한다. 그러나 아쉽게도 오늘날 전해지지 않고 있다. 그 대신 청주 흥덕사에서 백운화상이 1377년에 초록해 펴낸『백운화상초록 직지심체요절』(일명 :『직지』)이 오늘날 전하는 세계 최고의 금속 활자본으로 인정받고 있다.

조운선(모형)
고려 · 조선 시대에 국가에 내는 쌀을 운반하였다.

더 알아보기

최무선의 화약 · 화포 제작과 진포 대첩

왜구를 막는 데에는 화약만한 것이 없다. 그러나 나라 안에서는 만드는 법을 아는 사람이 없었다. 최무선은 늘 중국 강남에서 오는 상인이 있으면 꼭 만나 방법을 물었다. 상인 한 사람이 대략 안다고 하였다. 최무선은 자기 집에 데려다가 옷과 음식을 주고 수십 일 동안 물어서 대강 그 요령을 얻었다. 도평의사사에 말하여 시험해 보고자 하였다. 모두 믿지 않고 오히려 남을 속이는 자라고 험담까지 하였다. 여러 해를 두고 건의하여 나라에서 마침내 그 성의에 감동되어 화약국을 설치하고 최무선을 제조로 임명하였다. …… 1380년(우왕 6) 가을에 왜선 300여 척이 전라도 진포에 침입하였다. 부원수에 임명된 최무선은 도원수 심덕부와 상원수 나세와 함께 배에 화포를 싣고 바로 진포로 갔다. 왜구는 화약이 있으리라고는 생각하지 못하고 배를 한 곳에 집결시켜 힘을 다하여 싸우려고 하였다. 최무선이 화포로 배들을 모두 태워버렸다.

『태조실록』, 태조 4년 4월 19일

'복(復)'자명 금속 활자
개성 지방에서 출토된 청동 활자이다.

대장경
부처의 말씀인 경과 부처의 규율인 율, 그리고 경과 율을 연구하고 해석한 논을 모두 모은 것이다. 경·율·논을 합쳐 삼장이라 부르기도 한다.

인쇄술의 발달과 함께 제지술도 발달했다. 전국적으로 종이의 재료가 되는 닥나무 재배를 장려하고, 종이 만드는 관청을 설치하여 우수한 종이를 만들었다. 고려의 종이는 질기고 희면서 앞뒤가 반질반질하여 글을 쓰거나 인쇄하기에 매우 좋았다. 그러므로 '고려지'라는 이름으로 중국 등에 수출되어 최고 품질로 호평을 받았다.

4) 불교 경전을 묶어 대장경을 만들다

불교 사상에 대한 이해가 깊어지면서 불교에 관련된 서적을 모아 대장경으로 편찬됐다. 대장경은 불교 경전을 집대성한 것이라 볼 수 있다. 현종 때 거란의 침입을 받은 고려는 부처의 힘을 빌려 외침을 물리치려는 염원으로 대장경을 간행했다. 70여 년의 오랜 기간에 걸쳐 목판에 새겨 간행한 이 『초조대장경』은 안타깝게도 몽골 침입 때에 불타 버리고 인쇄본 일부만 남아있다.

흥덕사지(충북 청주)
근래에 복원한 건물이다.

몽골 침략으로 불에 탄『초조대장경』을 대신하여 고종 때에는『재조
대장경』을 만들었다. 대장도감을 설치하여 16년 만에 이룩한『재조대장
경』은 현재 합천 해인사에 보존되어 있다.『재조대장경』은 8만 장이 넘
는 목판으로 되어있어『팔만대장경』이라고 부른다.

『팔만대장경』은 방대한 내용을 담았으면서도 잘못되거나 빠진 글자
가 없는 세계 최고의 대장경으로 평가받고 있다. 현재 팔만대장경판과
이를 보관하는 건물인 장경판전까지 유네스코 세계 문화유산으로 지정
되어 보호를 받고 있다.

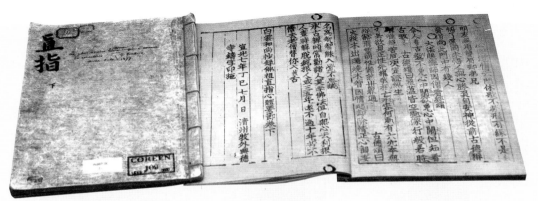

『백운화상초록 직지심체요절』(프랑스 국립도서관)
줄여서『직지심체요절』이라 부른다.

더 알아보기

「백운화상 초록 직지심체요절」

고려 시대 과학 기술에서 가장 뛰어난 것 중 하나는 인쇄술이었다. 신라 때부터 발달한 목판 인쇄술은 고려
시대에 이르러 더욱 발달하였다. 그러나 목판 인쇄술은 한 가지 책을 많이 찍는데는 알맞지만, 다양한 책을
소량으로 인쇄하는 데는 활판 인쇄술보다 효과가 떨어졌다. 따라서 고려에서는 일찍부터 활판 인쇄술의 개
발에 힘을 기울였으며 후기에는 금속 활자 인쇄술을 발명하였다. 금속 활자를 이용한 인쇄술은 목판에 글자
를 새기는 방식에 비해 훨씬 편리하고 신속하게 책을 생산할 수 있었다.

직지심체요절은 공민왕 때의 승려인 백운화상이 1372년에 저술한 것으로 청주 흥덕사에서 1377년 7월 간행
됐다. 내용은 여러 불교 책 가운데 선(禪)의 핵심을 깨닫는데 필요한 것을 간추려 모은 것이다. 독일의 구텐
베르크보다 70여 년이나 앞선 것으로, 1972년 '세계 도서의 해'에 출품되어 세계에서 가장 오래된 금속 활자
본으로 공인되었다. 또한 이러한 가치를 인정받아 2001년 9월에 유네스코 기록 유산으로 등록되었다. 이 책
은 원래 상·하 2권으로 되어 있었으나, 현재 하권만 유일하게 프랑스 국립도서관에 소장되어 있다.

『해인사 대장경판 및 제(諸) 경판』(2007년)

현재 세계에서 가장 오래된 불교 대장경판으로 산스크리트어에서 한역된 불교대장경의 원본 역할을 하고 있다. 해인사는 11세기 초기부터 한국의 출판 인쇄와 불교문화를 이끌었던 곳으로, 오랫동안에 걸쳐 완성된 경판들을 보관하고 있다. 고려대장경판은 초기 목판 제작술의 귀중한 자료이며 고려 시대의 정치, 문화, 사상을 엿볼 수 있는 역사기록물이기도 해. 경판 표면에는 옻칠이 되어 현재도 인쇄가 가능할 정도로 훌륭하게 보존되어 왔다.

이 『해인사 대장경판 및 제경판』은 2007년에 유네스코 세계기록유산으로 등재되었다.

선원사 터(인천 강화)
1245년 무신 집권기 최이의 원찰로 창건되어 『팔만대장경』의 판각을 주도했다고 하나 정확한 근거는 없다. 대장경판이 이곳을 떠나 현재 소장되어 있는 해인사로 옮겨진 이유에 대하여는 의견이 분분하다.

해인사 장경판전(경남 합천)

3. 역사서와 문학이 발달하다

1) 역사서를 펴내다

고려 시대에는 건국 초기부터 사실을 그대로 기록하는 실록을 편찬했으나, 안타깝게도 거란의 침입으로 불타 버렸다. 이에 현종 때 태조부터 목종에 이르는 7대 실록을 편찬하기 시작하여 덕종 때 완성했다. 그러나 아쉽게도 오늘날 전하지 않는다.

인종 때 김부식 등이 왕명을 받아 편찬한 『삼국사기』(1145년)가 있다. 이 책은 오늘날 전하는 우리나라 최고의 역사책으로, 고려 초에 쓰여진 『구삼국사』를 바탕으로 유교적 합리주의 사관에 기초하여 기전체로 서술한 책이다.

고려는 건국하면서 고구려 계승 의식을 뚜렷하게 표방했다. 그러다가 중기에 이르러 보수적인 문벌 귀족들이 정권을 잡으며 신라 계승 의식이 강화됐다. 『삼국사기』에는 신라 계승 의식이 반영된 것으로 여겨지고 있다.

고려 후기에는 민족적 자주 의식을 바탕으로 전통 문화를 올바르게 이해하려는 경향이 나타났다. 이는 무신 정변 이후의 사회적 혼란과 몽골의 침략에 이어진 간섭으로 인한 위기 상황에서 나타난 변화였다. 이러한 경향을 반영한 역사서로는 『해동고승전』, 『동명왕편』, 『삼국유사』, 『제왕운기』 등이 있다.

각훈이 쓴 『해동고승전』은 30여 명의 승려 전기가 수록되어 있는데, 현재 일부만 남아 있다. 이규보의 『동명왕편』은 고구려 시조인 고 주몽 동명왕의 업적을 칭송한 일종의 영웅 서사시로, 고구려의 계승 의식을 반영하고 고구려의 전통을 노래했다.

충렬왕 때에 승려 일연이 쓴 『삼국유사』는 불교사를 중심으로 고대의 민간 설화나 전래 기록을 수록하는 등 우리의 고유 문화와 전통을 중시했다. 여기에는 단군을 우리 민족의 시조로 여겨 고조선의 건국 이야기를 수록했다. 비슷한 시기에 이승휴가 쓴 『제왕운기』도 우리나라의 역

김부식 (1075년 ~ 1151년)

김부식은 개경의 문벌 귀족 세력을 대표하는 보수적인 인물로 고려 사회의 혼란을 유교 이념을 통해 극복하자고 주장했다. 그가 왕명을 받아 펴낸 『삼국사기』는 현재 남아 있는 우리나라 역사책 가운데 가장 오래된 것이다. 당시 고려의 지식인들은 중국의 역사는 잘 알면서도 우리 역사에는 무관심했다. 이에 김부식은 유교적 역사관을 바탕으로 고구려·백제·신라 삼국의 역사를 정리하면서 충효와 정절 등의 유교 덕목을 강조했다.

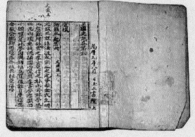

삼국사기
고려시대인 1145년 김부식 등이 기전체(紀傳體)로 편찬한 현존하는 가장 오래된 역사서이다.

김부식 영정

인각사(경북 군위)
일연 스님이 삼국유사를 쓴 곳으로 전해지는 곳이다.

역사책의 편찬 체제

- 편년체

중국 학자 사마천이 기전체를 생각해 내기 전까지 역사책에 사용됐는데, 시간 순에 따라 사건을 기록하는 이른바 연대기 형식이다. 『고려사절요』, 『조선왕조실록』 등이 속한다.

- 기전체

역사를 군주의 정치 관련 기사인 본기와 신하들의 개인 전기인 열전, 통치 제도·문물·경제·자연 현상 등을 내용별로 분류해 쓴 지(志)와 연표 등으로 기록하는 방식이다. 『삼국사기』, 『고려사』 등이 속한다. 하나의 역사적 사실이 내용에 따라 분류, 서술되어 참고하기에는 좋지만 역사를 총체적으로 이해하기에는 불편한 점도 있다.

- 기사본말체

역사를 사건의 원인과 결과로 나누어 기록하는 방식이다. 사건의 명칭을 제목으로 내걸고 그에 관련된 기사를 모두 모아 서술하여 사건의 시작부터 끝을 기술하는 방식이다. 기전체와 편년체를 절충한 체재로 이긍익의 『연려실기술』 등이 속한다.

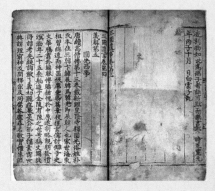

삼국유사

『삼국유사』는 1281년(충렬왕 7) 무렵 승려 일연이 저술한 것으로 김부식의 『삼국사기』와 함께 고대사 연구의 중요한 역사서로 평가 받고 있다. 원 간섭 하에 민족의 자주의식이 강하게 대두되던 시기에 우리 고유문화와 전통을 중시하여, 종래 역사 서술에서 소홀히 다룬 불교사를 중심으로 고대의 민간 설화나 전래 기록을 수록했다.

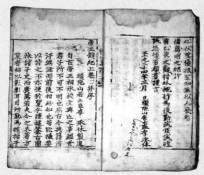

제왕운기

원 간섭기 이승휴가 지은 책으로 단군의 건국 이야기를 수록하고 있다.

이승휴 유적 동안사(강원 삼척)

동안사는 이승휴를 모시는 곳으로 천은사 아래에 있다. 이 부근에서 『제왕운기』를 저술했다고 한다.

사를 단군에서부터 서술하면서 중국사와 대등하게 파악하는 자주성을 나타내었다.

고려 후기에는 신진 사대부의 성장 및 성리학의 수용과 더불어 정통 의식과 대의명분을 강조하는 성리학적 유교 사관이 대두했다. 이제현의 『사략』은 유교사관을 반영한 역사서였는데, 지금은 여기에 실린 사론만 전해지고 있다.

2) 여러 형태의 문학이 나타나다

고려 전기의 문학으로는 한문학이 과거 시험과 함께 발달했고 당의 시와 송의 산문을 숭상하는 풍조가 많았다. 향가로는 균여가 지은 「보현십원가」11수가 전해지고 있다. 무신 집권기에 사물을 사람이 아닌 것을 사람처럼 표현하는 수법인 의인화를 사용하여 일대기로 구성한 이규보의 『국선생전』과 이곡의 『죽부인전』 등 가전체 문학도 발달했다.

고려 후기 문학은 신진 사대부와 일반 백성들이 주축이 됐다. 경기체가는 사대부 문학으로서 향가를 계승하여 유교 정신과 자연의 아름다움을 표현했는데, 「한림별곡」·「관동별곡」·「죽계별곡」이 대표적이었다. 구전 설화를 수집하여 한문으로 기록한 패관문학은 이규보의 『백운소설』과 이제현의 『역옹패설』이 있다. 이어 고려 가요인 장가와 속요는 서민 생활의 감정을 표현한 「청산별곡」·「가시리」·「쌍화점」 등이 남아 있다.

4. 다양한 예술의 세계가 펼쳐지다

1) 톡특한 모습의 불상을 만들다

고려 시대의 불상은 시기와 지역에 따라 다양한 모습을 보여 주었다. 초기에는 하남 하사창동 철조석가여래좌상 같은 대형 철불이 많이 조성됐다. 논산 관촉사 석조미륵보살입상이나 안동 이천동 마애여래입상처

영주 부석사 소조여래좌상(경북 영주)
부석사 무량수전에 있는 소조 불상으로 우리나라 소조 불상 가운데 가장 크고 오래되었다. 소조 불상이란 나무로 골격을 만들고 진흙을 붙여가면서 만든다. 얼굴은 풍만한 편이며, 두꺼운 입술과 날카로운 코 등에서 근엄한 인상을 풍기고 있다.

럼 지역 특색이 잘 드러난 거대한 석불도 조성됐다. 이들은 거대하기는 하나 전체적인 균형감은 떨어진다. 영주 부석사 소조여래좌상 같이 신라 시대 양식을 계승한 것도 있었다.

조각은 불상이 주류를 이루었다. 그중 돌로 만든 것이 가장 많고 구리나 쇠로 만든 것과 흙으로 만든 소조 불상도 있었다. 석불상은 고려 초기의 것으로 고려 시대는 신라의 불상과 다르게 지방마다 특색이 있고 거대한 불상이 많은데, 이는 지방의 호족들과 다양한 사람들이 세워서 그렇다고 한다.

더 큰 불상을 만들어서 자신들의 힘을 보여주고 싶었지만, 왕실에서 최고급 기술자를 동원하여 만든 불상보다는 솜씨가 못했다. 암벽 위에 조각한 마애 불상들도 역시 고려 초기의 것이 많은데 북한산 마애 석가여래 좌상은 거대한 화강암 벽에 우아하고 아름답게 조각되어 있다.

2) 세련된 승탑과 석등이 세워지다

승려의 사리나 유골을 안치한 묘탑을 승탑이라 한다. 당연히 불교의 나라 고려 때 승탑이 많이 세워졌다. 그 중에서 광종 때 세운 여주 고달사지 원종대사 탑과 현종 때 세운 충주 정토사지 홍법국사탑이 우수한 작품으로 꼽히고 있다.

지역에 따라서 고대 삼국의 전통을 계승한 석탑이 조성되기도 했다. 여주 고달사지 승탑처럼 신라 말 승탑의 전형적인 형태인 팔각 형태의 모습인 팔각원당형을 계승하는 것이 많고, 특이한 형태를 띠면서 조형미가 뛰어난 원주 법천사지 지광국사탑 등도 있다.

사원(절) 경내나, 능묘·정원 등에 불을 밝히기 위해 만든 석등도 유명하다. 고려 시대 가장 우수하다고 꼽히는 여주 고달사지 쌍사자 석등과 형태가 장엄하고 수법이 웅장한 논산 관촉사 석등 등이 있다.

논산 관촉사 석등(충남 논산)

충주 정토사지 흥법국사탑과 탑비(국립중앙박물관)
고려 시대 고승인 흥법국사의 묘탑으로 1017년(현종 8)에 조성된 것으로 추측된다. 1915년경 일본인들에 의해 경복궁(당시 조선총독부)으로 옮겨졌다. 이 승탑은 탑신부가 원구형이라는 특징을 가지고 있다. 옥개석에는 8각 귀퉁이에 수막새처럼 생긴 귀꽃이 대부분 떨어져 나간 상태이다.

논산 관촉사 석조미륵보살입상(충남 논산)
고려 광종 때 만든 대형 석불이다.

충주 미륵리 석조여래입상(충북 충주)
고려 시대 중원 미륵리 사지에 있는 석조 불상이다.

서울 북한산 구기동 마애여래좌상(서울 종로)
북한산 중턱의 승가사 뒤편 바위에 저부조로 새겨져 있다. 고려 초기 작품으로 바위에 불상을 새긴 마애불이다.

파주 용미리 마애이불입상(경기 파주)
천연 암벽을 몸체로 삼아 위에 목·머리·갓 등을 따로 만들어 얹어놓은 2구의 큰 불상이다.

안동 이천동 마애여래입상 (경북 안동)
자연 암벽에 몸을 선으로 그리고 머리 부분은 조각하여 따로 올려 놓았다.

여주 고달사지 승탑(경기 여주)
고달사 터에 남아 있는 고려 초기의 화강석 승탑이다.

여주 고달사지 원종대사탑(경기 여주)
탑비가 975년(광종 26)에 건립된 것으로 보아 이 무렵 만든 것으로 추정된다.

여주 고달사지 쌍사자 석등(국립중앙박물관)
고달사 터에 쓰러져 있었던 것을 1959년 경복궁으로 옮겨 왔으며, 현재는 국립중앙박물관에 있다.

원주 법천사지 지광국사탑(서울 종로)
고려 시대의 승려 지광국사 해린의 승탑이다. 전면 해체 · 보존처리를 위해 대전국립문화재연구소로 옮겼다.

영주 부석사 무량수전(경북 영주)
고려 시대에 만들어진 건축물이다.

영주 부석사 전경(경북 영주)
신라의 의상이 창건한 절로 무량수전과 조사당 벽화가 전하고 있다.

참 한국사 이야기

안동 봉정사 극락전(경북 안동)
고려 시대에 만들어진 건축물이다.

예산 수덕사 대웅전(충남 예산)
고려 시대에 만들어진 건축물이다.

3) 단아한 목조 건축이 나타나다

고려 시대의 건축은 궁궐과 사원이 중심이었는데, 안타깝게도 남아 있는 것이 거의 없다. 그렇지만 개성 만월대 터를 보면 당시 궁궐 건축을 짐작할 수 있다. 경사진 면에 축대를 높이 쌓고 건물을 계단식으로 배치했기 때문에 건물이 층층으로 나타나 더욱 웅장하게 보였을 것이다.

고려 시대에는 규모가 작고 단아한 멋을 보여주는 주심포 양식이 유행했는데, 일부 건물이 지금까지 남아 있다. 안동 봉정사 극락전은 맞배지붕에 주심포의 단층 목조 건물로 특히 배흘림 기둥으로 유명하다. 영주 부석사 무량수전과 예산 수덕사 대웅전은 균형 잡힌 외관과 잘 짜여진 각 부분의 치밀한 배치로 고려 시대 건축의 세련된 특성을 잘 드러내고 있다.

주심포 양식
고려 시대 건물들은 지붕의 무게가 무거웠는데, 이를 지탱할 공포(지붕과 지붕사이의 구조물)가 기둥 위에만 있는 건축 양식이다.

강릉 임영관 삼문(강원 강릉)
고려시대에 지은 강릉 객사의 정문으로 기둥은 주심포 양식의 배흘림이다.

주심포(안동 봉정사 극락전)

다포(안동 봉정사 대웅전)

고려 후기에는 다포식 건물도 등장하여 조선 시대 건축에 큰 영향을 끼쳤다. 황해도 사리원의 성불사 응진전은 고려 시대 다포식 건물로 유명하다.

다포식 건물
공포가 기둥 위뿐만 아니라 기둥 사이에도 있는 건축 양식으로, 고려 후기로 갈수록 건축물의 규모가 커지면서 지붕의 무게를 이기기 위해 만들어졌다.

4) 다각 다층의 석탑이 나타나다.

고려 시대의 석탑은 신라 양식을 일부 계승하면서도 독자적인 조형 감각을 가미하여 다양한 형태로 제작됐다. 그리하여 이전에 비해 한층 화려하고 아름다운 다각 다층탑이 유행하기 시작했다.

신라의 직선미와는 달리 둥근 멋이 나는 개성 현화사 칠층 석탑과 오대산 월정사 팔각 구층 석탑이 고려 전기의 대표적인 석탑이다. 고려 후기의 경천사지 십층 석탑은 원나라의 영향을 받아 건립했다는 기록이 있으며, 조선 세조 때 만든 원각사지 십층 석탑에 영향을 주었다. 경천사지 십층 석탑은 대리석으로 탑을 만들되 목조 건축의 다포 양식을 띠고 있으며, 각 층마다 불·보살을 빈틈없이 새겨서 그야말로 건축과 조각을 다 같이 구비한 석탑이다. 이러한 고려 시대의 다층다각탑은 우리나라 북부 지방에서 주로 제작된 특이한 양식이다.

5) 독특한 공예품이 만들어지다

고려자기는 고려 문화를 대표한다고 할 수 있다. 고려자기는 신라의 전통을 이어받아 한층 더 발전시키고 거기에 송나라의 영향을 받아 12세기 인종 때에

개성 현화사 칠층 석탑(개성)
개성에 있는 고려 시대의 석탑으로 현화사는 고려 때 역대 왕실의 법회가 열린 사찰이었다.

삼보 사찰(三寶寺刹)

삼보란 불보(佛寶)·법보(法寶)·승보(僧寶)를 말한다. 불보는 석가모니를, 법보는 부처가 스스로 깨달은 진리를 중생을 위해 설명한 말씀을, 승보는 부처의 교법을 배우고 수행하는 제자인 승려를 말한다. 우리나라에서는 통도사·해인사·송광사를 삼보 사찰이라 한다. 양산 통도사는 부처의 몸을 상징하는 진신사리를 모시고 있어 불보사찰로 부르는데 신라의 고승 자장(慈藏 : 590년~658년)이 당나라에서 문수보살의 계시를 받고 불사리와 부처의 가사 한 벌을 가져와 통도사를 창건하여 금강계단(金剛戒壇)에 넣었다. 해인사는 부처의 가르침을 집대성한 『고려대장경』을 모신 곳이라고 해서 법보사찰, 순천 송광사는 고려 중기의 고승 보조국사 지눌이 당시 타락한 고려 불교를 바로잡아 한국 불교의 새로운 전통을 확립한 사찰로 조선 시대까지 16명의 국사를 배출했다고 해서 승보사찰이라고 부른다.

송광사 전경(전남 순천)

통도사 금강계단과 대웅전(경남 양산)

해인사 대웅보전(경남 합천)

평창 월정사 팔각 구층 석탑(강원 평창)
다각 다층탑으로 고려 시대에 4각 평면 방식을 벗어난 특이한 양식으로 송
나라와 관계가 있다.

경천사지 십층 석탑(국립중앙박물관)
원의 영향으로 만들어진 탑으로 일제 강점기 일본으로 무단 반출
되었다가 우여곡절 끝에 다시 돌아왔다.

이르러 매우 발달했다. 중국에서 자기 기술이 도입되고 통일신라 말기
선종 불교와 함께 들어온 차 문화의 영향으로 많은 자기가 만들어졌다.

자기 중 대표적인 것은 청자이다. 황녹색·황갈색의 청자도 있으나 비
색의 청자가 가장 아름답다. 처음에는 나타내려는 무늬를 빼고 나머지
부분을 모두 파내는 양각과 정반대로 나타내려는 무늬만 파내는 음각으
로 무늬를 새겼다. 이후에는 고려의 독특한 상감기법이 개발되어 그 아
름다움을 한층 더하였다.

고려청자는 원료 공급과 제품 수송이 편한 전라도 강진과 부안에서
주로 만들어졌다. 이들 청자는 공물 또는 상품으로 배에 실려 바닷길을

따라 개경으로 공급됐다. 문벌 귀족 체제가 무르익은 12세기에 이르러서는 고려 특유의 비색 청자가 탄생하고 아울러 상감청자도 제작되었다. 침몰한 고려 시대 배 안에서 발견된 목간들은 청자의 행선지, 배에 실은 물건의 수량 등이 새겨져 있는데, 당시 청자의 생산과 유통에 매우 중요한 정보를 제공하고 있다.

청자는 병·항아리·주전자·접시·연적·필통·향로·화병 등 종류도 매우 다양하다. 그 가운데 국화·연꽃·석류·참외·앵무·원앙·토끼·거북이·용 등 여러 동식물을 본떠 만든 향로·주전자·연적 등은 매우 뛰어난 솜씨를 보여주고 있다. 무늬도 운학·모란·국화·석류·포도·연꽃·당초 등 여러 형태가 있다.

양이정(국립중앙박물관)과 청자 기와
고려 시대 정자의 하나로 『고려사』에 "민가 50여 채를 헐어내어 태평정을 짓고 태자에게 명하여 현판을 쓰게 하였다. 그 정자 옆에는 유명한 화초와 진기한 과수를 심었으며 기이하고 화려한 물건들을 좌우에 진열하고 정자 남쪽에 못을 파서 그곳에 관란정을 세웠으며 그 북쪽에는 양이정을 신축하여 청기와를 얹었다"라고 했다. 고려 시대는 청자를 기와로 사용할 정도로 사치했음을 보여준다. 이 기록에 의거 국립 중앙박물관 연못에 양이정을 복원했다.

처음에는 송나라의 영향을 받은 순수청자가 유행했으나 뒤이어 상감청자가 등장했다. 상감청자는 은입사 기술을 도자기에 적용한 것이다. 이 상감기법은 무늬를 집어넣는 방식이 매우 독특하고 그 빛깔은 지금도 100% 재현해 낼 수 없다고 할 정도로 뛰어났다.

고려청자는 그 주요 생산지가 고려 말 왜구의 잦은 침략과 약탈로 그 맥이 끊기고 말았다. 대신에 새로운 형태의 분청사기가 제작되어 고려 말, 조선 초의 대표적인 도자기로 자리매김을 하게 되었다.

6) 우수한 금속 공예와 나전 칠기가 나타나다

고려의 금속 공예 역시 불교 도구를 중심으로 크게 발전했다. 은입사 기술을 사용한 것으로는 청동 향로와 청동 정병이 있다. 은입사는 청동으로 만든 제품의 바탕 표면을 파낸 홈에, 실처럼 만든 가는 은을 채워 넣어 무늬를 장식하는 금속 공예기술이다.

분청사기(국립중앙박물관)

한편, 옻칠한 몸체에 자개로 무늬를 꾸미는 나전 칠기 공예도 크게 발달했다. 특히, 불경을 넣는 불경함을 비롯하여 화장품갑, 문방구 등이 전해오고 있다. 나전 칠기 공예는 조선 시대를 거쳐 현재까지 계속해서 전해지고 있다.

그 외의 금속 공예품에는 동종과 불구류·동경·장신구 등이 있다. 범종은 매우 우수한 것이 많은데, 현종 때 만든 천안 천흥사 동종이 대표적이다. 이 동종은 신라 동종의 전통을 이어받았다. 고려 동종의 전통을 잘 살린 부안 내소사 동종도 있다.

불구류로는 먼저 향로를 들 수 있다. 고려의 향로는 실상화 또는 연화 등을 은입사한 청동제인 것이 특징이다. 명종 때 만들어진 밀양 표충사 청동은입사 향완이 지금까지 전해 오는 가장 오래된 것이라 한다.

청동 은입사 포류수금문 정병(국립중앙박물관)
정병은 가장 깨끗한 물을 넣는 병으로 부처님에게 바친다.

청동 은입사 향완(통도사)
가장 오래된 고려 시대의 대표적 향완이다. 향완이란 향을 담는 그릇이다.

나전 칠기 국당초문염주함
12세기 초의 작품으로 알려져있다.

나전 칠기

청자 칠보투각향로(국립중앙박물관)
자연스럽고 귀족적 멋이 나는 11세기 후반부터 12세기 초의 순수 청자이다.

청자 상감운학문매병(간송미술관)
자기 표면에 무늬를 새기고 백토나 흙토로 매운 후 다시 구워 만드는 상감기법을 통해 만든 청자이다. 12세기 중엽 제작되었다.

더 알아보기

상감기법

상감기법은 먼저 태토 표면에 그리고 싶은 문양을 음각으로 파고, 거기에 흰색 진흙 또는 붉은색 진흙을 붓으로 발라서 메우는 작업을 한다. 그 후 마른 다음에 그릇 면에 넘쳐 묻은 진흙을 깎아 내거나 닦아내면, 음각한 곳을 메운 것만 분명하게 남는다. 거기에 청자유약을 입혀 구워내는 기법이다. 즉, 자기에 문양을 새겨 넣고 그 부분에 백토나 자토를 메우고 초벌구이를 한 다음에 유약을 발라 재벌구이를 하는 방식이다.

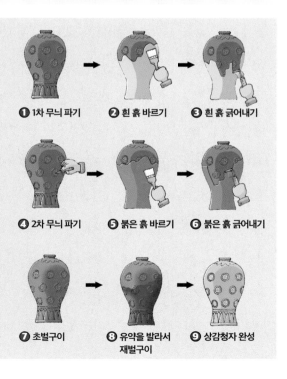

❶ 1차 무늬 파기   ❷ 흰 흙 바르기   ❸ 흰 흙 긁어내기

❹ 2차 무늬 파기   ❺ 붉은 흙 바르기   ❻ 붉은 흙 긁어내기

❼ 초벌구이   ❽ 유약을 발라서 재벌구이   ❾ 상감청자 완성

천안 성거산 천흥사명 동종(국립중앙박물관)

부안 내소사 동종(전북 부안)

참 한국사 이야기

7) 화려한 그림과 뛰어난 글씨체가 나타나다

그림은 신라 이래의 화풍에 송의 영향을 받아 더욱 발달했다. 도화원에 소속된 전문 화원의 그림과 문인이나 승려의 문인화가 전한다. 뛰어난 화가로는 예성강도를 그린 이영과 그의 아들 이광필이 있었으나, 이들의 그림은 전해지지 않고 있다. 고려 후기에는 사군자 중심의 문인화가 유행했으나, 역시 전해지는 것이 없다. 다만, 공민왕이 그렸다는 천산대렵도가 있는데, 원나라의 영향을 받았음을 알려 주고 있다.

한편, 고려 후기에는 왕실과 귀족들의 요구에 따라 불화가 많이 그려졌다. 주요 소재는 극락왕생을 기원하는 아미타불도와 지장보살도 및 관음보살도가 많았다. 그중에서 일본에 전해 오고 있는 고려 승려 혜허

천산대렵도(국립중앙박물관)
고려 제31대 공민왕이 그린 것
으로 추정된다.

혜허의 양류관음도(일본 센소사 소장)

가 그린 양류관음도가 매우 뛰어난 작품으로 평가받고 있다.

또 불교 경전을 필사하거나 인쇄할 때, 맨 앞장에 그 경전의 내용을 알기 쉽게 그림으로 설명한 사경화도 유행했다. 이밖에 사찰과 무덤의 벽화가 일부 남아 있는데, 부석사 조사당 벽화의 사천왕상과 보살상이 대표적이다.

서예는 고려 전기에는 구양순체가, 후기에는 송설체가 유행했다. 구양순체는 당나라 구양순의 굳세고 힘찬 글씨체를, 송설체는 원나라 조맹부의 유려한 글씨체를 말하다. 전기에는 탄연의 글씨가 뛰어났고, 후기에는 이암이 송설체에 능했는데, 이 두 서예가의 작품이 전해오고 있다. 서예가로 문종 때의 유신, 인종 때의 탄연, 고종 때의 최우가 유명하여 신라의 김생과 함께 이들을 '신품 4현'이라 일컬었다.

부석사 조사당 벽화(경북 영주)

운문사 원응국사비 탁본(경북 청도)

참 한국사 이야기

고려 왕조 계보

고려

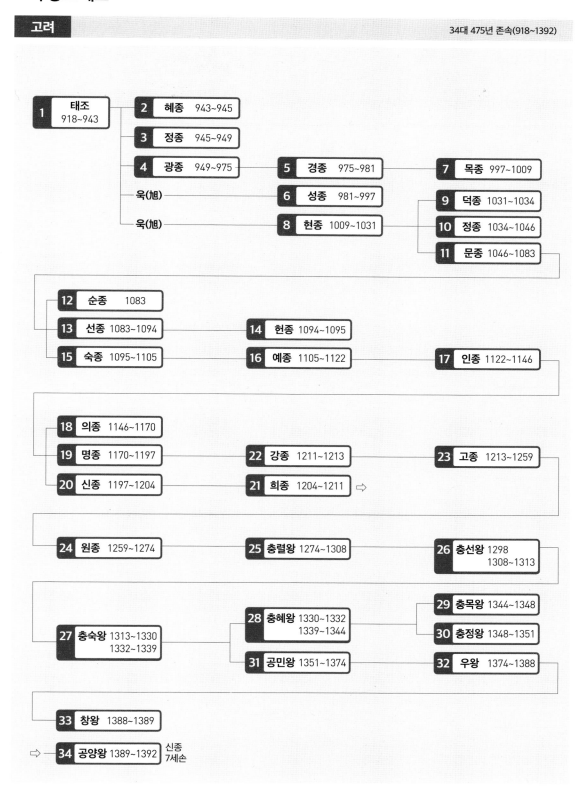

1 태조 918~943	**2 혜종** 943~945	
	3 정종 945~949	
	4 광종 949~975	**5 경종** 975~981
	욱(旭)	**6 성종** 981~997
	욱(旭)	**8 현종** 1009~1031
		7 목종 997~1009
		9 덕종 1031~1034
		10 정종 1034~1046
		11 문종 1046~1083

12 순종 1083		
13 선종 1083~1094	**14 헌종** 1094~1095	
15 숙종 1095~1105	**16 예종** 1105~1122	**17 인종** 1122~1146

18 의종 1146~1170		
19 명종 1170~1197	**22 강종** 1211~1213	**23 고종** 1213~1259
20 신종 1197~1204	**21 희종** 1204~1211 ⇨	

24 원종 1259~1274	**25 충렬왕** 1274~1308	**26 충선왕** 1298 1308~1313

27 충숙왕 1313~1330 1332~1339	**28 충혜왕** 1330~1332 1339~1344	**29 충목왕** 1344~1348
		30 충정왕 1348~1351
	31 공민왕 1351~1374	**32 우왕** 1374~1388

33 창왕 1388~1389	
⇨ **34 공양왕** 1389~1392	신종 7세손

연표

우리 나라	고	려	시	대

주요 사항

		1102 해동통보 주조
		1107 윤관, 여진 정벌
		1126 이자겸의 난
956 노비안검법 실시		1135 묘청의 서경 천도 운동
958 과거 제도 시행	1009 강조의 정변	1145 김부식, 삼국사기 편찬
976 전시과 실시	1019 귀주 대첩	1170 무신 정변
986 12목 설치	1076 개정 전시과 시행	1179 경대승, 도방 정치
992 국자감 설치	1086 의천, 교장도감 설치	1196 최충헌 집권
996 건원중보 주조	1097 주전도감 설치	1198 만적의 난

연대

900	1000	1100	

주요 사항

1037 셀주크 튀르크 건국	1115 금 건국
1054 크리스트교, 동서로 분열	1125 요 멸망
1066 노르망디 공 윌리엄, 잉글랜	1127 북송 멸망
드 정복	1163 프랑스, 노트르담 성당 건축 시작
1069 송, 왕안석 변법	1192 일본, 가마쿠라 막부 성립

중국	송(宋, 960~1279)
일본	헤이안(平安) 시대(794~1185)
서양	중 세 사 회

고　려　시　대

1219 몽골과 통교

1231 몽골 침입(1차)

1232 강화 천도

1234 상정고금예문 간행

1236 고려 대장경 조판(~1251)

1270 개경 환도

　　　삼별초, 대몽 항쟁 전개

1274 여·원의 일본 원정

1278 녹과전 지급

1285 일연, 삼국유사 편찬

1304 대성전(국학) 건립

1309 소금 전매제 시행

1314 만권당 설치

1359 홍건적 침입

1363 문익점, 목화씨 전래(원)

1377 화통도감 설치

　　　직지심체요절 인쇄

1388 이성계, 위화도 회군

1389 박위, 쓰시마섬 정벌

1391 과전법 제정

1392 고려 멸망, 조선 건국

1394 한양 천도

1200

1300

1206 칭기즈 칸, 몽골 통일

1215 영국, 대헌장 제정

1241 한자 동맹 성립

1271 원 건국

1279 남송 멸망

1298 마르코 폴로, 동방견문록 집필

1302 프랑스, 삼부회 성립

1309 교황, 아비뇽 유폐

1321 단테, 신곡 완성

1338 일본, 무로마치 막부성립

　　영국·프랑스, 백년 전쟁(~1453)

1356 황금 문서 발표

1368 원 멸망, 명 건국

원(元, 1271~1368)		
가마쿠라(鎌倉) 막부 시대(1192~1333)		무로마치(室町) 막부 시대(1338~1573)

중　세　사　회

아골타 ···················· 61

안동 이천동 마애여래입상 ·········
140 · 144

안동웅부 현판 ··············· 89

안찰사 ···················· 31

안향 ················· 124 · 125

참고 문헌

강민기 외, 『클릭, 한국미술사』, 예경, 2011.

고려대 한국사연구소, 『한국사』, 새문사, 2014.

국립중앙박물관, 『고려 시대를 가다』, 국립중앙박물관, 2009.

국립중앙박물관, 『다시 보는 역사 편지 : 고려묘지명』, 국립중앙박물관, 2006.

국사편찬위원회, 『고등학교 국사』, 교육인적자원부, 2002.

국사편찬위원회, 『신편 한국사』 1-50권, 탐구당, 1994~1998.

김인호 외, 『미래를 여는 한국의 역사』 2 -고려시대-, 웅진지식하우스, 2011.

민속원, 『한국 역사 민속학 강의』 1, 민속원, 2010.

박광일·최태성, 『교과서 밖으로 나온 한국사』 선사-고려, 2014, 씨앤아이북스, 2014.

박용운, 『고려사』 상, 하, 일지사, 1989.

변태섭 · 신형식, 『한국사통론』, 삼영사, 2006.

신형식 외, 『신 한국통사』, 주류성, 2014.

이기백, 『한국사신론』, 일조각, 1999.

이병희, 『뿌리 깊은 한국사, 샘이 깊은 이야기』 3 -고려-, 솔출판사, 2004.

이우태 외, 『대학생을 위한 한국사』, 경인문화사, 2015.

장경희 외, 『한국 미술 문화의 이해』, 예경, 2006.

한국사특강편찬위원회, 『한국사 특강』, 서울대출판부, 2008.

한국역사연구회, 『고려 시대 사람들 어떻게 살았을까』 1·2, 청년사, 2005.

한국역사연구회, 『한국사강의』, 한울아카데미. 1989.

한국학중앙연구원, 『한국 민족문화 대백과사전』, 한국학중앙연구원. 1991.

한영우, 『다시 찾는 우리 역사』, 경세원, 2001.

〈참고 웹 사이트〉

고전번역원

국사편찬위원회

독립기념관

두산 백과사전

문화재청

서울대 규장각 한국학연구원

장서각

한국역사정보통합시스템

참 한국사 이야기 2

고려 시대

기획	한국역사문화교육연구회

지은이	장득진(국사편찬위원회) · 이경찬(부천고등학교) · 이기명(죽전고등학교)
	김경수(계성초등학교) · 장성익(가주초등학교) · 이동규(연신초등학교)
검토	신익수(남대전고등학교) · 한기한(대전제일고등학교) · 명재림(근명중학교)
감수	최병도(전 경기고등학교) · 김병규(전 상당고등학교 교장) · 김유성(죽전고등학교 교장)

펴낸이	최병식
펴낸날	2018년 3월 14일
펴낸곳	주류성출판사
주소	서울특별시 서초구 강남대로 435 주류성빌딩 15층
전화	02-3481-1024(대표전화)
팩스	02-3482-0656
홈페이지	www.juluesung.co.kr

값 14,000원

ISBN 978-89-6246-338-5 44910(세트)

ISBN 978-89-6246-340-8 44910